Susan Sontag

Krankheit als Metapher

Aus dem Amerikanischen von
Karin Kersten und Caroline Neubaur

Aids und seine Metaphern

Aus dem Amerikanischen von
Holger Fliessbach

Carl Hanser Verlag

Die beiden amerikanischen Originalausgaben erschienen erstmals unter den Titeln *Illness as Metaphor* und *AIDS and Its Metaphors* 1978 und 1988 bei Farrar, Straus & Giroux in New York.

ISBN 3-446-20425-3

Umschlaggestaltung: Peter-Andreas Hassiepen unter Verwendung einer Zeichnung von Ludovico Carracci
Druck und Bindung: Clausen & Bosse, Leck
Printed in Germany

Krankheit als Metapher

Für Robert Silvers

Krankheit ist die Nachtseite des Lebens, eine eher lästige Staatsbürgerschaft. Jeder, der geboren wird, besitzt zwei Staatsbürgerschaften, eine im Reich der Gesunden und eine im Reich der Kranken. Und wenn wir alle es auch vorziehen, nur den guten Ruf zu benutzen, früher oder später ist doch jeder von uns gezwungen, wenigstens für eine Weile, sich als Bürger jenes anderen Ortes auszuweisen.

Nicht, was es wirklich bedeutet, ins Reich der Kranken zu emigrieren und dort zu leben, will ich beschreiben, sondern die Straf- oder Gefühlsphantasien, die man damit verbindet: nicht wirkliche Geographie, sondern nationale Stereotypen. Mein Thema ist nicht die physische Krankheit als solche, sondern die Verwendung der Krankheit als Bild oder Metapher. Zeigen will ich, daß Krankheit *keine* Metapher ist und daß die ehrlichste Weise, sich mit ihr auseinanderzusetzen – und die gesündeste Weise, krank zu sein –, darin besteht, sich so weit wie möglich von metaphorischem Denken zu lösen, ihm größtmöglichen Widerstand entgegenzusetzen. Freilich ist es kaum möglich, seinen Wohnsitz im Reich der Krankheit zu nehmen, ohne vorgeprägt worden zu sein durch die grauenhaften Metaphern, mit denen seine Landschaft ausstaffiert worden ist. Dem Bemühen um Aufklärung dieser Metaphern und Befreiung von ihnen ist diese Untersuchung gewidmet.

1

Zwei Krankheiten sind in spektakulärer und ähnlicher Weise mit Metaphern befrachtet worden: Tuberkulose und Krebs.

Die im letzten Jahrhundert von Tb, heute von Krebs ausgelösten

Phantasien sind Reaktionen auf eine Krankheit, die als unheilbar und launisch gilt – d. h. auf eine Krankheit, die unverstanden ist in einer Zeit, in der die Grundprämisse der Medizin lautet, daß alle Krankheiten heilbar seien. Eine solche Krankheit ist per definitionem mysteriös. Solange ihre Ursache nicht verstanden wurde und ärztliche Maßnahmen derart wirkungslos blieben, galt Tb als heimtückischer, unerbittlicher Diebstahl des Lebens. Heute ist der Krebs an der Reihe, die Krankheit zu sein, die nicht anklopft, bevor sie eintritt, ist es der Krebs, der die Rolle einer als erbarmungslose, geheime Invasion erfahrenen Krankheit übernimmt – eine Rolle, die er so lange behalten wird, bis seine Ätiologie eines Tages so klar und seine Behandlung so wirksam sein werden, wie es die der Tb geworden sind.

Obwohl die Art, wie Krankheit Mystifikationen schafft, vor einem neuen Erwartungshintergrund zu sehen ist, weckt die Krankheit selbst (damals Tb, heute Krebs) höchst altmodische Arten von Ängsten. Jede Krankheit, die man als Geheimnis behandelt und heftig genug fürchtet, wird als im moralischen, wenn nicht wörtlichen Sinne ansteckend empfunden. So sehen sich überraschend viele Menschen mit Krebs von Verwandten und Freunden gemieden und werden von Mitgliedern ihres Haushalts zum Objekt von Desinfektionspraktiken gemacht, als ob Krebs wie Tb eine ansteckende Krankheit wäre. Der Kontakt mit jemandem, der von einer als mysteriöses Übel betrachteten Krankheit befallen ist, gilt unvermeidlich als Vergehen oder gar als Tabuverletzung. Schon dem bloßen Namen solcher Krankheiten wird magische Macht zugeschrieben. In Stendhals *Armance* (1827) weigert sich die Mutter des Helden, »Tuberkulose« zu sagen, weil sie fürchtet, allein das Aussprechen des Wortes könne den Gang der Krankheit ihres Sohnes beschleunigen. Und Karl A. Menninger beobachtete (in *Das Leben als Balance*), daß »schon dem bloßen Wort ›Krebs‹ nachgesagt wird, manche Patienten zu töten, die der Bösartigkeit ihrer Krankheit, an der sie leiden, sonst nicht (so schnell) erlegen wären«. Diese Beobachtung wird zur Unterstützung von antiintellektuellen Pietätsregungen und eines in der zeitgenössischen Medizin und Psychiatrie allzu triumphierenden Mitleids herangezogen. »Patienten, die uns wegen ihres

Leidens, ihres Elends und ihrer Invalidität konsultieren«, fährt er fort, »haben jedes Recht, es einem zu verargen, wenn man ihnen den verdammenden Zeigefinger auf die Wunde legt.« Dr. Menninger empfiehlt, die Ärzte sollten generell auf »Namen« und »Etikette« verzichten (»unsere Funktion besteht darin, diesen Menschen zu helfen, nicht darin, ihnen noch mehr Kummer zu bereiten«) – was letzten Endes bedeuten würde, daß die Geheimhaltung und der ärztliche Paternalismus nur noch größer würden. Nicht das Benennen als solches ist herabsetzend oder verdammend, sondern der Name »Krebs«. Solange eine besondere Krankheit als ein bösartiger, unbezwingbarer Feind und nicht einfach nur als Krankheit behandelt wird, werden die meisten Menschen mit Krebs in der Tat demoralisiert sein, wenn sie erfahren, was für eine Krankheit sie haben. Die Lösung kann wohl kaum darin bestehen, daß man Krebspatienten nicht länger die Wahrheit sagt, sondern nur in der Berichtigung der Vorstellung von dieser Krankheit, ihrer Entmythisierung.

Als vor noch gar nicht vielen Jahrzehnten die Eröffnung, jemand habe Tb, gleichbedeutend mit einem Todesurteil war – so wie heute in der populären Vorstellung Krebs gleich Tod ist –, war es üblich, Tuberkulosekranken und nach ihrem Tod auch deren Kindern ihre eigentliche Krankheit zu verheimlichen. Selbst bei Patienten, die über ihre Krankheit informiert waren, scheuten sich Ärzte und Familie, frei darüber zu sprechen. »In Worten erfährt man freilich nichts Bestimmtes«, schrieb Kafka 1924 aus dem Sanatorium, in dem er zwei Monate später starb, an einen Freund, »da bei Besprechung der Kehlkopftuberkulose … jeder in eine schüchterne, ausweichende, starräugige Redeweise verfällt.« Wenn es darum geht, Krebs zu verschweigen, sind die Konventionen sogar noch wirksamer. In Frankreich und Italien folgen die Ärzte immer noch der Regel, der Familie des Patienten eine Krebsdiagnose mitzuteilen, dem Patienten selbst jedoch nicht. Die Ärzte meinen, daß nur außergewöhnlich reife und intelligente Patienten imstande seien, die Wahrheit zu ertragen. (Ein führender französischer Onkologe sagte mir, weniger als ein Zehntel seiner Patienten wüßten, daß sie Krebs haben.) In Amerika herrscht mittlerweile – teilweise aufgrund der Angst der Ärzte vor Klagen wegen falscher Behandlung – weit mehr

Aufrichtigkeit dem Patienten gegenüber, aber das größte Krebskrankenhaus des Landes verschickt Mitteilungen und Rechnungen an entlassene Patienten routinemäßig in Umschlägen, die den Absender nicht verraten, in der Annahme, daß die Krankheit vor der Familie geheimgehalten worden sein könnte. Da die Krebserkrankung ein Skandal sein kann, der das Liebesleben, Aufstiegschancen, ja sogar den Arbeitsplatz gefährdet, neigen Patienten, die wissen, was sie haben, dazu, in bezug auf ihre Krankheit äußerst zurückhaltend, wenn nicht geradezu verschwiegen zu sein. Und ein Bundesgesetz, der Freedom of Information Act von 1966, nennt »Krebsbehandlung« in einer Klausel, die solche Angelegenheiten von der Pflicht zur Offenlegung ausnimmt, bei denen diese »einen ungerechtfertigten Eingriff in die Privatsphäre« darstellen würde. Dabei wird Krebs als einzige Krankheit erwähnt.

Dies ganze Belügen und Lügen von Krebspatienten ist ein Maßstab dafür, wieviel schwieriger es in den hochentwickelten Industriegesellschaften geworden ist, mit dem Tod zurechtzukommen. Da der Tod heute nun einmal ein beleidigend bedeutungsloses Ereignis ist, wird die Krankheit, die weitgehend als Synonym für Tod betrachtet wird, als etwas erlebt, das versteckt werden muß. Die Politik, Krebspatienten gegenüber doppeldeutig über die Natur ihrer Krankheit zu sprechen, spiegelt die Überzeugung, daß man sterbenden Menschen am besten ihren nahen Tod verschweigt und daß der gute Tod der plötzliche ist – am besten, er tritt ein, während wir bewußtlos sind oder schlafen. Die moderne Verleugnung des Todes erklärt jedoch nicht das Ausmaß des Lügens und des Wunsches, belogen zu werden; sie berührt noch nicht die tiefste Angst. Daß jemand, der einen Herzinfarkt gehabt hat, innerhalb weniger Jahre an einem weiteren sterben wird, ist mindestens so wahrscheinlich, wie daß jemand mit Krebs bald an Krebs sterben wird. Aber es denkt niemand daran, einem Herzpatienten die Wahrheit zu verheimlichen; an einer Herzattacke ist nichts Schändliches. Krebspatienten werden nicht nur deshalb belogen, weil die Krankheit ein Todesurteil ist (oder doch für eines gehalten wird), sondern weil sie als obszön empfunden wird – im ursprünglichen Sinne des Wortes: als unter einem bösen Omen stehend, abscheulich, abstoßend für die Sinne.

Die Herzkrankheit impliziert eine Schwäche, eine Störung, ein Versagen mechanischer Art; sie hat nichts Schändliches, nichts von jenem Tabu, das einst den Tb-Kranken anhaftete und heute immer noch die Krebskranken umgibt. Die Metaphern, die mit Tb und Krebs verbunden werden, sprechen lebendige Prozesse an, die besonders betroffen machen, besonders gräßlich sind.

2

Fast immer im Verlauf ihrer Geschichte überkreuzen und überschneiden sich die metaphorischen Verwendungen von Tb und Krebs. Das *Oxford English Dictionary* (OED) verzeichnet »Auszehrung« (consumption) als gebräuchliches Synonym für Lungentuberkulose schon 1398.* (John of Trevisa: »Wenn das Blut dünn gerät, folgen alsbald Auszehrung und Verfall.«) Aber auch das moderne Verständnis von Krebs beschwört die Vorstellung von der Auszehrung. Das OED gibt als frühe bildliche Definition von Krebs an:

»Alles, was langsam und insgeheim nagt, aushöhlt, verdirbt oder auszehrt.« (Thomas Paynell, 1528: »Ein Krebsgeschwür ist eine melancholische Geschwulst, die Teile des Körpers auffrißt.«) Die früheste literarische Definition von Krebs ist Gewächs, Klumpen oder Auswuchs, und der Name der Krankheit – von griechisch *kark'nos* und lateinisch *cancer*, die beide Krebs bedeuten – wurde Galen zufolge durch die Ähnlichkeit der geschwollenen Venen eines äußeren Tumors mit Krebsbeinen inspiriert; nicht, wie viele meinen, dadurch, daß eine metastatische Krankheit wie ein Krebs krabbelt oder kriecht. Die Etymologie weist jedoch darauf hin, daß die Tuberkulose früher ebenfalls als eine Art von anomalem Hervortreten betrachtet wurde: Das Wort Tuberkulose – von lateinisch *tuberculum*, dem Diminutiv von *tuber*, Beule, Schwellung – bedeutet krankhafte Schwellung, Auswuchs, Vorsprung oder Gewächs.**

* Godefroys *Dictionnaire de l'ancienne langue française* zitiert Bernard de Gordons *Pratiqum* (1495): »Phthisis ist ein Geschwür an der Lunge, das den ganzen Körper aufzehrt.«

** Dieselbe Etymologie wird in den französischen Standardwörterbüchern angegeben. »La tubercule« wurde im 16. Jh. durch Ambroise Paré vom lateinischen *tuberculum* her, das

Rudolf Virchow, der in den 50er Jahren des 19. Jahrhunderts die Wissenschaft der Zellpathologie begründete, sah im Tuberkel einen Tumor.

So war, von der Spätantike bis noch vor kurzem, Tuberkulose – typologisch betrachtet – Krebs. Und Krebs wurde wie Tb als ein Prozeß beschrieben, in dessen Verlauf der Körper aufgezehrt wurde. Die modernen Auffassungen von beiden Krankheiten konnten nicht entstehen, ehe es eine Zellpathologie gab. Nur mit Hilfe des Mikroskops war es möglich, die Andersartigkeit von Krebs als eine Art Zellaktivität zu begreifen und zu verstehen, daß die Krankheit nicht immer die Form eines äußeren oder auch nur tastbaren Tumors annimmt. (Vor Mitte des 19. Jahrhunderts hätte niemand die Leukämie als eine Form von Krebs identifiziert.) Und bis nach 1882, als Tuberkulose als eine bakterielle Infektion entdeckt wurde, war es nicht möglich, Krebs definitiv von Tb zu unterscheiden. Derartige Fortschritte des medizinischen Denkens trugen dazu bei, daß die gnädigen Metaphern der beiden Krankheiten wirklich verschieden und größtenteils gegensätzlich wurden. Damals konnte die moderne Phantasie über Krebs beginnen, Gestalt anzunehmen – eine Phantasie, die seit den 20er Jahren unseres Jahrhunderts die meisten Probleme erben sollte, die von den Phantasien über Tb dramatisiert worden waren, wobei die beiden Krankheiten und ihre Symptome jedoch in ganz unterschiedlicher, fast gegensätzlicher Art begriffen wurden.

Tb wird als Erkrankung eines Organs, der Lunge, verstanden, während man unter Krebs eine Erkrankung versteht, die an jedem Organ auftreten und sich über den ganzen Körper ausdehnen kann. Tb wird als Krankheit extremer Gegensätze aufgefaßt: fahle Blässe und plötzliches Erröten, Überaktivität, die mit Mattigkeit abwechselt.

»petite bosse« (kleiner Höcker) bedeutet, eingeführt. In Diderots *Encyclopédie* führt die Eintragung über Tuberkulose (1765) die Definition an, die der englische Arzt Richard Morton in seiner *Phthisiologie* (1689) gab: »kleine Geschwülste, die auf der Körperoberfläche erscheinen«. Im Französischen wurden alle kleinen Oberflächengeschwülste einst *»tubercules«* genannt; das Wort wurde dann auf das eingeschränkt, was wir erst seit Kochs Entdeckung des Tuberkelbazillus als Tb identifizieren.

Der spasmodische Krankheitsverlauf wird durch das für prototypisch gehaltene Tb-Symptom, das Husten, illustriert. Der Leidende wird von Husten gebeutelt, dann sinkt er zurück, schöpft Atem, atmet normal; hustet erneut. Krebs ist eine Krankheit des Wachsens (manchmal sichtbar, charakteristischer jedoch innen), eines abnormen, letztlich tödlichen Wachsens, das gleichmäßig, unaufhörlich, stetig ist. Obwohl es Perioden geben mag, wo das Wachsen des Tumors zum Stillstand gebracht wird (vorübergehende Besserungen), führt Krebs nicht zu solchen Schwankungen wie die Oxymora des Verhaltens – fieberhafte Aktivität, hingebungsvolle Resignation –, die als typisch für Tb gelten. Der Tuberkulosekranke ist für eine gewisse Zeit bleich, die Bleichheit des Krebspatienten ändert sich nicht.

Tb macht den Körper transparent. Die Röntgenstrahlen, die das diagnostische Standardwerkzeug sind, erlauben einem oft zum ersten Male, sein Inneres zu sehen – sich selbst transparent zu werden. Während Tb von früherer Zeit an als reich an sichtbaren Symptomen gilt (fortschreitende Abmagerung, Husten, Mattigkeit, Fieber) und sich plötzlich und in dramatischer Weise offenbaren kann (das Blut auf dem Taschentuch), gelten die Hauptsymptome von Krebs charakteristischerweise als unsichtbar – bis zum letzten Stadium, wo es zu spät ist. Die Krankheit, die oft zufällig oder im Verlauf einer medizinischen Routineuntersuchung entdeckt wird, kann weit fortgeschritten sein, ohne irgendwelche merkbaren Symptome sichtbar werden zu lassen. Man hat einen undurchschaubaren Körper, der zu einem Spezialisten gebracht werden muß, der herausfinden soll, ob er Krebs enthält. Was der Patient nicht feststellen kann, wird der Spezialist durch die Analyse von Geweben bestimmen, die dem Körper entnommen werden. Tb-Patienten dürfen ihre Röntgenbilder sehen oder sogar selbst besitzen: Die Patienten im Sanatorium des *Zauberberg* tragen die ihren in der Brusttasche mit sich herum. Krebspatienten schauen sich ihre Biopsien nicht an.

Von der Tb dachte man – denkt man immer noch –, daß sie euphorische Zustände, gesteigerten Appetit, verstärktes sexuelles Begehren auslöst. Teil der Diät der Patienten im *Zauberberg* ist ein zweites Frühstück, das mit Genuß verzehrt wird. Von Krebs nimmt man an, daß er die Vitalität verkrüppelt, das Essen zu einer Strafe macht und die Begierde tötet. Tb zu haben stellte man sich als Aphrodisiakum vor, als eine Krankheit, die außerordentliche Verführungskräfte verleiht. Krebs gilt als entsexualisierend. Für Tb ist jedoch charakteristisch, daß viele ihrer Symptome trügerisch sind – Lebhaftigkeit, die von der Zerrüttung kommt, rosige Wangen, die wie ein Zeichen der Gesundheit aussehen, aber vom Fieber herrühren –, und eine Aufwallung von Vitalität kann ein Zeichen des nahenden Todes sein. (Solche Energieschübe sind gewöhnlich selbstzerstörerisch und können auch andere zerstören: Man erinnere sich der alten Legende aus dem Wilden Westen von Doc Holliday, dem tuberkulösen Pistolenhelden, der dank den Verheerungen seiner Krankheit aus den moralischen Restriktionen entlassen ist.) Krebs hat nur wahre Symptome.

Tb ist Verfall, Fieberhaftigkeit, Entmaterialisierung; es ist eine Krankheit der Flüssigkeiten – der Körper verwandelt sich in Phlegma und Mucus und Sputum und schließlich Blut – und der Luft, des Bedürfnisses nach besserer Luft. Krebs ist Degeneration, wobei die Körpergewebe sich in etwas Festes verwandeln. Alice James schreibt ein Jahr, bevor sie 1892 an Krebs stirbt, in ihrem Tagebuch von »dieser unseligen granitenen Substanz in meiner Brust«. Dieser Klumpen ist jedoch lebendig, ein Fötus mit eigenem Willen. Novalis definiert in einer um 1798 für sein Enzyklopädieprojekt geschriebenen Eintragung Krebs, zusammen mit dem Brand, als »vollkommne *Schmarotzertiere* (oder Tierpflanzen) – sie wachsen, sie werden erzeugt, sie zeugen, sie haben ihre Organisation, sie sezernieren, sie essen«. Krebs ist eine dämonische Schwangerschaft. Der heilige Hieronymus muß an eine Krebserkrankung gedacht haben, als er schrieb: »Der dort mit seinem geschwollenen Bauch geht schwanger mit seinem eigenen Tode« *(»Alius tumenti aqualiculo mortem parturit«).* Obwohl der Verlauf beider Krankheiten zur Abmagerung führt, wird der Gewichtsverlust aufgrund von Tb ganz anders aufgefaßt als der aufgrund von Krebs. Bei Tb wird der Mensch »ausgezehrt«, verbrannt. Bei Krebs wird der Patient »überfallen« von fremden Zellen, die sich vermehren und eine Lähmung oder Blockierung der Körperfunktionen verursachen. Der Krebspatient »verwelkt« (Alice James' Wort) oder »schrumpft« (Wilhelm Reichs Wort).

Tb ist eine Krankheit der Zeit; sie beschleunigt das Leben, erfüllt es mit Höhepunkten, vergeistigt es. Auch im Englischen und Französischen »galoppiert« die Schwindsucht. Der Krebs kennt eher Stadien als Gangarten: er ist (letztlich) »endgültig«. Der Krebs arbeitet langsam, hinterhältig: Der Standardeuphemismus in Todesanzeigen lautet, jemand sei »nach langer Krankheit verschieden«. Jede Charakterisierung von Krebs beschreibt ihn als langsam, und so wurde er zuerst auch metaphorisch gebraucht. »Und ihr Wort frißt um sich wie der Krebs«, schrieb Wyclif 1382 (Übersetzung eines Satzes in II. Timotheus 2,17); und unter den frühsten figurativen Verwendungen von Krebs fungiert er als Metapher für »Untätigkeit« und »Faulheit«.* Metaphorisch gesehen ist Krebs nicht so sehr eine Krankheit der Zeit als eine Krankheit oder Pathologie des Raumes. Seine hauptsächlichen Metaphern beziehen sich auf die Topographie (Krebs »breitet sich aus«, »wuchert« oder »dehnt sich aus«; Geschwülste werden chirurgisch »entfernt«), und seine am meisten gefürchtete Folge, fast gleichrangig mit der Furcht vor dem Tod, ist die Verstümmelung oder Amputation eines Teils des Körpers.

Tb stellt man sich oft als eine Krankheit der Armut und der Entbehrung vor – dünne Kleidungsstücke, dünne Körper, ungeheizte Räume, ärmliche Hygiene und unangemessene Ernährung. Die Armut mag nicht so wörtlich zu verstehen sein wie Mimis Dachstube in *La Bohème;* die tuberkulöse Marguerite Gautier in der *Kameliendame* lebt in Luxus, innerlich ist sie jedoch ein verwahrlostes Kind. Im Gegensatz dazu ist Krebs eine Krankheit des Mittelstandslebens, eine mit Überfluß, mit Exzeß assoziierte Erkrankung. Reiche Länder haben die höchsten Krebserkrankungsraten, und das Ansteigen der Krankheitsfälle wird teilweise auch auf eine fett- und proteinreiche Diät und die giftigen Ausflüsse der Industriegesellschaft zurückgeführt, die den Überfluß schafft. Die Tb-Behandlung

* Wie im OED angeführt wird, das als frühe figurative Verwendung von »canker« angibt: »jenes pestilente und höchst ansteckende Krebsgeschwür, der Müßiggang« – T. Palfreyman, 1564. Und von »cancer« (der »canker« um 1700 ablöste): »Faulheit ist ein Krebs, der die Zeit aufzehrt, die Fürsten für erhabene Dinge nützen sollten« – Edmund Ken, 1711.

wird mit der Stimulation des Appetits identifiziert, die Krebsbehandlung mit Ekel und Appetitverlust. Die Unterernährten, die sich – ach! zu welchem Nutzen? – ernähren. Die Überernährten – unfähig zu essen.

Dem Tb-Patienten glaubte man durch einen Ortswechsel helfen, ja ihn kurieren zu können. Es gab die Anschauung, Tb sei eine nasse Krankheit, eine Krankheit der feuchten und der naßkalten Städte. Das Körperinnere wurde feucht (»feuchte Flecken in der Lunge« war eine beliebte Redensart) und mußte ausgetrocknet werden. Die Ärzte empfahlen Reisen an hochgelegene, trockene Orte – in die Berge, in die Wüste. Daß ein Wechsel der Umgebung den Krebspatienten helfen könnte, denkt hingegen niemand. Der Kampf findet ausschließlich im Innern des eigenen Körpers statt. Zwar mag, wie immer mehr angenommen wird, irgend etwas in der Umgebung Krebs verursacht haben; liegt jedoch erst einmal Krebs vor, kann er nicht dadurch wieder rückgängig gemacht oder vermindert werden, daß man sich in eine bessere (d. h. weniger karzinogene) Umgebung begibt.

Tb wird für relativ schmerzlos gehalten. Krebs wird jedoch unterschiedslos als ungeheuer schmerzhaft angesehen. Tb soll angeblich für einen leichten Tod sorgen, während der Krebstod ganz besonders elend ist. Über hundert Jahre lang blieb Tb die bevorzugte Art, dem Tod eine Bedeutung zu verleihen – eine erbauliche, vornehme Krankheit. Die Literatur des 19. Jahrhunderts wimmelt von Beschreibungen nahezu symptomloser, furchtloser, glückseliger Tode infolge Tb, insbesondere von jungen Leuten wie etwa der kleinen Eva in *Onkel Toms Hütte*, Dombeys Sohn Paul in *Dombey and Son* und Smike in *Nicholas Nickleby*, wo Dickens die Tb als die »entsetzliche Krankheit« beschreibt, die den Tod »läutert« von »seinem gröberen Aspekt …; bei der der Kampf zwischen Seele und Körper so allmählich, so ruhig und feierlich verläuft und das Ergebnis so sicher ist, daß der sterbliche Teil Tag um Tag und Körnchen um Körnchen schwindet und dahinwelkt, so daß der Geist leicht und lebhaft wird in dem Maße, wie seine Last leichter wird …«*

* Nahezu ein Jahrhundert später verwendet John Middleton Murry in seiner Ausgabe von Katherine Mansfields posthum veröffentlichtem *Journal* eine ähnliche Sprache, um Katherine Mansfield am letzten Tage ihres Lebens zu beschreiben. »Ich habe niemals jeman-

Man vergleiche diese adelnden, friedlichen Tb-Tode mit den nichtswürdigen, quälenden Krebstoden des Vaters von Eugene Gant in Thomas Wolfes *Von Zeit und Strom* und der Schwester in Bergmans Film *Schreie und Flüstern.* Der sterbende Tuberkulosekranke wird als verschönert und seelenvoller gezeichnet; der sterbende Krebskranke hingegen wird als jeglicher Fähigkeiten zur Selbsttranszendenz beraubt, als von Furcht und Qual gedemütigt porträtiert.

Dies sind Gegensätze, die von der populären Mythologie beider Krankheiten abgeleitet sind. Selbstverständlich starben viele Tuberkulosekranke unter schrecklichen Schmerzen, und manche Menschen sterben an Krebs und spüren bis zum Ende wenig oder gar keinen Schmerz. Arme und Reiche bekommen gleichermaßen Tb und Krebs, und nicht jeder, der Tb hat, hustet. Aber die Mythologie hält sich. Nicht nur deshalb, weil Lungentuberkulose die verbreitetste Form der Tb ist, halten die meisten Menschen Tb, im Gegensatz zum Krebs, für eine Erkrankung eines einzelnen Organs. Das liegt daran, daß die Mythen über Tb Gehirn, Kehlkopf, Nieren, Knochen und andere Stellen, wo der Tuberkelbazillus sich ebenfalls einnisten kann, nicht einbeziehen, sondern in engem Zusammenhang mit der traditionellen Metaphorik (Atem, Leben) stehen, die an die Lunge geknüpft ist.

Während Tb Eigenschaften annimmt, die der Lunge als Teil des oberen, geisterfüllten Körpers zugedacht sind, ist Krebs dafür berüchtigt, daß er Teile des Körpers (Dickdarm, Blase, Rektum, Brust, Speiseröhre, Prostata, Hoden) angreift, die anzuerkennen peinlich ist. Daß man einen Tumor hat, löst ganz allgemein irgendein Schamgefühl aus, doch wird innerhalb der Hierarchie der Körperorgane Lungenkrebs als weniger beschämend empfunden als Darmkrebs. Eine nicht-tumorbildende Form von Krebs taucht heu-

den so schön gesehen wie sie an jenem Tag und werde niemals wieder jemanden sehen, der so schön ist; es war, als hätte die einzigartige Vollkommenheit, die ihr stets eigen war, vollständig von ihr Besitz ergriffen. Um ihre eigenen Worte zu benutzen: das letzte Körnchen ›Ablagerung‹, die letzten ›Spuren irdischer Erniedrigung‹ waren für immer gewichen. Doch hatte sie ihr Leben verloren, um es zu retten.«

te in der kommerziellen Fiktion in der einst von der Tb monopolisierten Rolle auf: als romantische Krankheit, die ein junges Leben beendet. (Die Heldin von Erich Segals *Love Story* stirbt an Leukämie – der »weißen« oder Tb-ähnlichen Form der Krankheit, für die keinerlei verstümmelnde Chirurgie vorgeschlagen werden kann – nicht etwa an einem Magen- oder Brustkrebs.) Eine Lungenerkrankung ist metaphorisch eine Erkrankung der Seele.* Krebs als Krankheit, die sich überall verbreiten kann, ist eine Erkrankung des Körpers. Weit davon entfernt, irgend etwas Geistiges zu enthüllen, enthüllt sie, daß der Körper, so betrüblich das sein mag, nur Körper ist.

Derlei Phantasien blühen, weil Tb und Krebs für viel mehr als für Krankheiten gehalten werden, die gewöhnlich tödlich sind (oder waren). Sie werden mit dem Tod selbst identifiziert. In *Nicholas Nickleby* apostrophierte Dickens Tb als die »Krankheit, bei der Tod und Leben auf so seltsame Weise vermischt sind, daß der Tod den Glanz und die Färbung des Lebens annimmt und das Leben die düstere und gräßliche Gestalt des Todes; eine Krankheit, die die Medizin niemals heilte, die Reichtum niemals fernhalten oder von der verschont zu sein die Armut sich niemals brüsten konnte...«. Und Kafka schrieb im Oktober 1917 an Max Brod, er sei zu der Meinung gelangt, »daß die Tuberkulose ... keine besondere Krankheit, keine eines besonderen Namens werte Krankheit ist, sondern nur eine ihrer Bedeutung nach vorläufig nicht einzuschätzende Verstärkung des allgemeinen Todeskeims«. Krebs inspiriert zu ähnlichen Spekulationen.

Georg Groddeck, dessen bemerkenswerte Ansichten über Krebs in *Das Buch vom Es* (1923) die von Wilhelm Reich vorwegnehmen,

* Die Brüder Goncourt nannten in ihrem Roman *Madame Gervaisais* (1869) Tb »diese Krankheit der vornehmen und edlen Teile des Menschen« und stellten sie den »Krankheiten der rohen, niedrigen Körperorgane, die den Geist des Patienten vernebeln und beschmutzen ...«, gegenüber. In Thomas Manns früher Erzählung *Tristan* hat die junge Ehefrau Luftröhrentuberkulose: »... und Gott sei Dank, daß es nicht die Lunge war! Wenn es aber dennoch die Lunge gewesen wäre – diese neue Patientin hätte keinen holderen und veredelteren, keinen entrückteren und unstofflicheren Anblick gewähren können, als jetzt, da sie an der Seite ihres stämmigen Gatten, weich und ermüdet in den weiß lackierten, geradlinigen Armsessel zurückgelehnt, dem Gespräche folgte.«

schrieb: »Von all den Theorien, die über den Krebs aufgestellt worden sind, ist für mich im Lauf der Zeit nur eine übrig geblieben, die, daß der Krebs unter bestimmten Erscheinungen zum Tode führt. Was nicht zum Tode führt, ist kein Krebs, so meine ich. Sie können daraus entnehmen, daß ich mir keine Hoffnung auf ein neues Verfahren zur Krebsheilung mache. Aber bei all den vielen sogenannten Krebsfällen ...«

Ungeachtet allen Fortschritts bei der Krebsbehandlung unterschreiben viele Menschen immer noch Groddecks Gleichung: Krebs = Tod. Die Metaphern im Umkreis von Tb und Krebs enthüllen jedoch vieles in bezug auf die Vorstellung vom Krankhaften und wie es sich seit dem 19. Jahrhundert (als Tb die verbreitetste Todesursache war) bis in unsere Zeit (wo Krebs die am meisten gefürchtete Krankheit ist) entwickelt hat. Die Romantiker stellten in einer neuen Weise moralische Betrachtungen über den Tod an: Sie bezogen sich auf den Tb-Tod, der den grobstofflichen Körper auflöste, die Persönlichkeit vergeistigte, das Bewußtsein erweiterte. Ebenso war es möglich, den Tod mit Hilfe von Phantasien über die Tb zu ästhetisieren. Thoreau, der Tb hatte, schrieb 1852: »Tod und Krankheit sind oft schön, wie ... der hektische Glanz der Schwindsucht.« Bei Krebs denkt kein Mensch – wie früher bei Tb – an einen dekorativen, oft lyrischen Tod. Krebs ist ein seltenes und immer noch anstößiges Thema für die Dichtung; und es erscheint unvorstellbar, daß diese Krankheit ästhetisierbar sein könnte.

3

Die auffälligste Ähnlichkeit zwischen den Mythen über Tb und über Krebs besteht darin, daß beide als Erkrankungen der Leidenschaft verstanden werden oder wurden. Fieber war bei Tb ein Zeichen eines inneren Brennens: Der Tuberkulöse ist jemand, der von seiner Glut »verzehrt« wird, und diese Glut führt zur Auflösung des Körpers. Der Gebrauch von Metaphern, die dem Bereich der Tb entlehnt sind, um Liebe zu beschreiben – das Bild einer »krankhaften« Liebe, einer Leidenschaft, die »verzehrt« –, ist lange vor der romantischen Bewegung zu datieren.* Seit den Romantikern wurde das Bild umgekehrt und Tb als eine Variante der Liebeskrankheit aufgefaßt. In einem herzzerreißenden Brief vom 1. November 1820 schrieb Keats, auf alle Zeit von Fanny Brawne getrennt, aus Neapel: »Wenn ich irgendeine Chance hätte, mich [von der Tuberkulose] zu erholen, würde diese Leidenschaft mich umbringen.« Wie eine Figur in *Der Zauberberg* erklärt, »… das Krankheitssymptom sei verkappte Liebesbetätigung und alle Krankheit verwandelte Liebe«.

Wie man von Tb einst annahm, daß sie von zuviel Leidenschaft herrühre und die Ruhelosen und die Sinnlichen befalle, so glauben heute viele, daß Krebs eine Krankheit unzureichender Leidenschaft sei, die diejenigen befalle, die sexuell unterdrückt, gehemmt, unspontan sind und unfähig, Wut auszudrücken. Diese scheinbar entgegengesetzten Diagnosen sind in Wirklichkeit gar nicht so verschiedene Versionen derselben Anschauung (und verdienen meiner Meinung nach dasselbe Maß an Glauben). Denn beide psychologischen Darstellungen einer Krankheit heben die Unzulänglichkeit oder die Hemmung der Lebensenergie hervor. So sehr Tb als eine Krankheit der Leidenschaft gerühmt wurde, so sehr galt sie auch als eine Krankheit der Unterdrückung. Der hochsinnige Held von Gides *L'Immoraliste (Der Immoralist)* zieht sich Tb zu (parallel zu dem, was Gide als seine eigene Geschichte ansah), weil er seine wahre sexuelle Natur unterdrückte; als Michel das Leben akzeptiert, erholt er sich. Bei diesem Szenario würde Michel heutzutage Krebs bekommen müssen.

So wie man im Krebs heutzutage den Preis der Unterdrückung sieht, so wurde Tb einst als die verheerende Auswirkung der Frustration erklärt. Was als befreites Sexualleben bezeichnet wird, wird von manchen heute als Abwehrmittel gegen Krebs angesehen, und zwar genau genommen aus demselben Grunde, aus dem Sex den Tuberkulosekranken oft als Therapie verschrieben wurde. In *The*

* So etwa in Akt II, Szene 2 von Sir George Etheredges Stück *The Man of Mode* (1676): »Wenn die Liebe krankhaft wird, ist es am besten, sie einem gewaltsamen Tode zuzuführen; ich kann die Marter einer sehnsuchtsvollen und verzehrenden Leidenschaft nicht ertragen.«

Wings of the Dove empfiehlt Milly Theales Arzt ihr als Heilmittel gegen ihre Tb ein Liebesverhältnis; erst als sie entdeckt, daß ihr falscher Freier Merton Densher heimlich mit ihrer Freundin Kate Croy verlobt ist, stirbt sie. Und in seinem Brief vom November 1820 äußerte Keats: »Mein lieber Brown, ich hätte sie haben sollen, als ich bei Gesundheit war, und ich wäre wohl gesund geblieben.«

Der Mythologie der Tuberkulose zufolge gibt es im allgemeinen eine leidenschaftliche Erregung, die einen Tb-Anfall hervorruft und sich in ihm ausdrückt. Die Leidenschaften müssen jedoch durchkreuzt, die Hoffnungen vereitelt werden. Und die Leidenschaft könnte, obwohl es sich meist um Liebe handelt, auch eine politische oder moralische Leidenschaft sein. Am Ende von Turgenjews *Am Vorabend* (1860) erkennt Insarow, der junge bulgarische Exilrevolutionär und Held des Romans, daß er nicht nach Bulgarien zurückkehren kann. In einem Hotel in Venedig wird er krank vor Sehnsucht und Enttäuschung, bekommt Tb und stirbt.

Der Mythologie des Krebses zufolge gibt es im allgemeinen eine anhaltende Gefühlsunterdrückung, die die Krankheit verursacht. In der früheren, eher optimistischen Form dieser Phantasie waren die unterdrückten Gefühle sexueller Natur; heutzutage stellt man sich – nach einer bemerkenswerten Verschiebung – vor, daß die Unterdrükkung gewalttätiger Regungen krebsverursachend sei. Die enttäuschte Leidenschaft, die Insarow tötete, war Idealismus. Die Leidenschaft, die nach Ansicht vieler krebsverursachend ist, wenn sie sich nicht entlädt, ist die Wut. Es gibt keine modernen Insarows. Statt dessen gibt es Kanzerophobe wie Norman Mailer, der kürzlich erklärte, wenn er nicht auf seine Frau eingestochen (und damit das »Nest mordlustiger Regungen« in seiner Brust ausagiert) hätte, hätte er Krebs bekommen und wäre »in ein paar Jahren selbst tot gewesen«. Es ist dieselbe Phantasie, die einst mit Tb verknüpft wurde, doch in einer eher häßlichen Version. Die Quelle, aus der zum großen Teil die gängige Phantasie gespeist wird, die Krebs mit der Unterdrückung von Leidenschaft verbindet, ist Wilhelm Reich, der den Krebs als »Erkrankung infolge emotionaler Resignation – ein bioenergetisches Schrumpfen, ein Aufgeben der Hoffnung« definierte. Reich illustrierte seine einflußreiche Theorie mit Freuds Krebs, der seiner Meinung nach begann, als Freud, von Natur aus leidenschaftlich und »sehr unglücklich verheiratet«, sich der Resignation überließ: »Er lebte ein sehr ruhiges anständiges Familienleben, aber es besteht wenig Zweifel daran, daß er genital äußerst unbefriedigt war. Seine Resignation legte wie sein Krebs Zeugnis davon ab. Freud mußte aufgeben, als Person. Er mußte in den mittleren Jahren seine persönlichen Vergnügungen, seine persönlichen Freuden aufgeben … Wenn meine Auffassung vom Krebs zutreffend ist, muß man nur aufgeben, resignieren – und dann schrumpft man.«

Tolstois *Der Tod des Iwan Iljitsch* wird oft als Fallgeschichte eines Menschen zwischen Krebs und charakterologischer Resignation zitiert. Dieselbe Theorie ist jedoch von Groddeck auf Tb angewandt worden, der diese Krankheit definierte als »die Sucht zum Schwinden. Die Begierde soll schwinden, die Begierde nach dem Aus und Ein, nach dem Hin und Her der Erotik, das sich in der Atmung symbolisiert. Und mit der Begierde schwindet die Lunge … schwindet der Leib …«* Wie Berichte über Krebs heute, so stellen die typischen Berichte über Tb im 19. Jahrhundert sämtlich Resignation als Krankheitsursache hin. Sie zeigen auch, wie man mit fortschreitender Krankheit resigniert *wird.* Mimi und Camille sterben, weil sie auf Liebe verzichten, beseeligt von der Resignation. Robert Louis Stevensons 1874 geschriebener autobiographischer Essay *Ordered South* beschreibt die Stadien, in deren Verlauf der Tuberkulosekranke »liebevoll der Leidenschaft für das Leben entwöhnt wird«, und charakteristisch für den schnellen Verfall der Tuberkulosekranken, wie in der Romanliteratur in aller Ausführlichkeit beschrieben, ist eine auffällige Resignation. In *Onkel Toms Hütte* stirbt die kleine Eva mit übernatürlicher Heiterkeit und kündigt ihrem Vater ein paar Wochen vor dem Ende an: »Meine Kraft schwindet von Tag zu Tag mehr, und ich weiß, ich muß gehen.« Über Milly Theales Tod in *The Wings of the Dove* erfahren wir nur, »daß sie ihr Gesicht zur Wand kehrte«. Tb wurde als der prototypi-

* Der Abschnitt geht folgendermaßen weiter: »… weil die Begierde während der Krankheit wächst, weil die Schuld durch die immer wiederholte symbolische Samenverschwendung des Auswurfs sich ständig vergrößert, […] weil das Es durch die Lungenerkrankung schöne Augen und Zähne, hitzende Gifte entstehen läßt.«

sche passive Tod dargestellt. Oft war er eine Art Selbstmord. In Joyces *The Dead* steht Michael Furey in der Nacht, ehe sie zur Klosterschule abfährt, im Regen in Gretta Conroys Garten; sie fleht ihn an, nach Hause zu gehen; »er sagte, er wolle nicht leben«, und eine Woche später stirbt er.

An Tb Leidende mögen als leidenschaftlich dargestellt werden, doch mangelt es ihnen charakteristischerweise an Vitalität, an Lebenskraft. (Wie in der heutigen, zeitgemäßen Variante dieser Phantasie die Krebsanfälligen diejenigen sind, die nicht sinnlich genug sind oder nicht richtig mit ihrer Wut umgehen können.) So kommt es, daß die beiden bekanntermaßen ungerührten Beobachter, die Brüder Goncourt, anläßlich der Tb ihres Freundes Murger (Autor der *Scènes de la vie de Bohème*) erklären: er sterbe »aus Mangel an Vitalität, mit der man den Leiden widersteht«. Michael Furey war »sehr zart«, wie Gretta Conroy ihrem »stämmigen, reichlich großen«, virilen, plötzlich eifersüchtigen Ehemann erklärt. Tb wird als die Erkrankung der geborenen Opfer, sensibler passiver Menschen, gefeiert, die nicht lebenslustig genug sind, um zu überleben. (Was die sehnsuchtsvollen, aber nahezu schlaftrunkenen Schönheiten der präraphaelitischen Kunst andeuten, wird bei den ausgemergelten, hohläugigen, tuberkulösen Mädchen Edvard Munchs explizit.) Und während die Standarddarstellung eines Tb-Todes die Betonung auf die vervollkommnete Sublimierung des Gefühls legt, zeigt die häufig wiederkehrende Gestalt der tuberkulösen Dirne an, daß man von Tb auch annahm, sie mache die Leidenden sexuell anziehend.

Wie alle wirklich erfolgreichen Metaphern, so war die Tb-Metapher reich genug, um für zwei gegensätzliche Anwendungen zu sorgen. Sie beschrieb den Tod von jemandem (etwa den Tod eines Kindes), der für zu »gut« gehalten wurde, um sexuell zu sein: die Verfechtung einer engelhaften Psyche. Zugleich war sie ein Mittel, sexuelle Gefühle zu beschreiben – während man den Libertinismus seiner Verantwortung enthob, da dieser ja einem Stadium objektiven physiologischen Verfalls oder physiologischer Auflösung angelastet wurde. Sie war gleichermaßen ein Mittel, Sinnlichkeit zu beschreiben und die Ansprüche der Leidenschaft zu befördern, wie ein

Mittel, Unterdrückung zu beschreiben und die Forderungen der Sublimierung anzupreisen, die Krankheit, die zugleich eine »Benommenheit des Geistes« (Robert Louis Stevensons Worte) und ein Überströmen höherer Gefühle herbeiführte. Vor allem anderen war die Tb-Metapher ein Mittel, den Wert zu bestätigen, daß man bewußter, psychologisch komplexer ist. Die Gesundheit wird banal, sogar vulgär.

4

Allem Anschein nach war die Tatsache, daß man Tb hatte, schon um die Mitte des 18. Jahrhunderts mit den Assoziationen des Romantischen verknüpft. In Akt I, Szene 1 von Oliver Goldsmiths Satire über das Provinzleben, *She stoops to conquer* (*Sie erniedrigt sich,* um zu erobern, 1773), macht Mr. Hardcastle Mrs. Hardcastle gelinde Vorwürfe, weil sie den flegelhaften Tony Lumpkin, ihren Sohn aus früherer Ehe, zu sehr verwöhnt:

Mrs. H.: Und kann man mich dafür tadeln? Der arme Junge war immer zu kränklich, um zu etwas nütze zu sein. Eine Schule wäre sein Tod. Wenn er ein wenig kräftiger werden sollte, wer weiß, was ein oder zwei Jahre Latein bei ihm alles ausrichten?
Mr. H.: Latein bei dem! Gerade soviel, als wollte man eine Kuh das Tanzen lehren. Nein, nein, das Wirtshaus und der Pferdestall sind die einzigen Schulen, die er je besuchen wird.

Mrs. H.: Nun, wir dürfen den armen Jungen jetzt jedenfalls nicht ausschelten, denn ich glaube, wir werden ihn nicht lange unter uns sehen. Jeder, der ihm ins Gesicht schaut, kann sehen, daß er schwindsüchtig ist.

Mr. H.: Ja, wenn das ein Symptom ist, daß er zu fett wird.

Mrs. H.: Er hustet bisweilen.

Mr. H.: Ja, wenn ihm das Bier in die falsche Kehle gerät.

Mrs. H.: Ich fürchte wirklich um seine Lunge.

Mr. H.: Das tue ich weiß Gott auch, denn manchmal brüllt er wie eine beredte Trompete – (Tony verabschiedet sich hinter den Kulissen mit einem Hallo) – Oh, weg ist er – in der Tat eine sehr schwindsüchtige Gestalt.

Dieser Wortwechsel läßt darauf schließen, daß die Phantasie über Tb bereits ein Gemeinplatz war, denn Mrs. Hardcastle ist nichts anderes als eine Anthologie von Klischees der feinen Londoner Welt, nach der sie strebt und die das Publikum von Goldsmiths Stück bildete:* Goldsmith geht davon aus, daß der Tb-Mythos bereits weit verbreitet ist – wobei Tb offensichtlich der Anti-Goût war. Für Snobs, Parvenüs und gesellschaftliche Aufsteiger war Tb ein Anzeichen dafür, daß man vornehm, zart und sensibel war. Mit der neuen (sozialen und geographischen) Mobilität, die im 18. Jahrhundert möglich wurde, waren Wert und Rang nicht länger gegebene Tatsachen; sie mußten durchgesetzt werden. Sie wurden durchgesetzt durch neue Anschauungen über Kleider (Mode) und neue Verhaltensweisen gegenüber der Krankheit. Kleider (die äußere Aufmachung des Körpers) und Krankheit (eine Art inneres Dekor des Körpers) wurden bildliche Ausdrücke für neue Einstellungen gegenüber dem Selbst.

Shelley schrieb als ein Tb-Leidender, der dem anderen sein Leid klagt, am 27. Juli 1820 an Keats, er habe erfahren, »daß man immer noch darauf besteht, ein schwindsüchtiges Äußeres zu haben«. Das war keine bloße Redensart. Die Schwindsucht wurde als Erscheinungsbild verstanden, und ihre Äußerungsformen wurden ein Hauptbestandteil der guten Manieren des 19. Jahrhunderts. Es war unfein, herzhaft zu essen. Es war hinreißend, krank auszusehen. »Chopin war zu einer Zeit tuberkulosekrank, als eine gute Gesundheit nicht schick war«, schrieb Camille Saint-Saëns 1930. »Es war modisch, blaß und abgezehrt auszusehen; die Prinzessin Belgiojoso schlenderte über die Boulevards …, bleich wie der leibhaftige Tod.« Saint-

* Goldsmith, der als Arzt ausgebildet war und eine Weile praktizierte, hatte andere Klischees in bezug auf Tb. In seinem Essay *Über die Erziehung* (1759) schrieb er, daß eine leicht gesalzene, gezuckerte und gewürzte Diät »jegliche schwindsüchtigen Angewohnheiten korrigiert, die unter den Kindern von Stadtbewohnern nicht selten angetroffen werden«. Die Schwindsucht wird als eine Gewohnheit, eine Disposition (wenn nicht als eine Affektation), eine Schwäche betrachtet, der abgeholfen werden muß und zu der Stadtmenschen eher disponiert sind.

Saëns bringt einen Künstler wie Chopin berechtigterweise in Zusammenhang mit der berühmtesten Femme fatale seiner Zeit, die viel dafür getan hat, um das tuberkulöse Aussehen zu popularisieren. Die Tb-beeinflußte Vorstellung vom Körper war ein neues Modell für aristokratisches Aussehen – in einem Augenblick, wo Aristokratie nicht länger eine Frage der Macht ist und hauptsächlich zu einer Frage des Image zu werden beginnt. (»Man kann niemals reich genug sein. Man kann niemals dünn genug sein«, sagte die Herzogin von Windsor einst.) Tatsächlich ist die Romantisierung der Tb das erste weitverbreitete Beispiel für diese entschieden moderne Aktivität, aus dem Selbst ein Image zu machen. Das tuberkulöse Aussehen mußte als attraktiv gelten, sobald es als Merkmal der Distinktion, der guten Herkunft betrachtet wurde. »Ich huste unaufhörlich!« schrieb Marie Bashkirtshev in dem einst vielgelesenen *Journal*, das 1887 nach dem Tod der 24jährigen veröffentlicht wurde. »Doch, oh Wunder, weit davon entfernt, mich häßlich zu machen, verleiht mir das ein schmachtendes Aussehen, das sehr kleidsam ist.« Was einst die Mode für aristokratische Femmes fatales und aufstrebende junge Künstler war, wurde nach und nach zur Domäne der Mode überhaupt. Die Frauenmoden des 20. Jahrhunderts (mit ihrem Schlankheitskult) sind die letzte Bastion der Metaphern, die mit der Romantisierung der Tb im späten 18. und frühen 19. Jahrhundert verknüpft waren.

Viele der literarischen und erotischen Verhaltensweisen, die als »romantischer Schmerz« bekannt sind, stammen von der Tuberkulose und ihren Umformungen durch die Metapher. Der Schmerz wurde romantisch in einer stilisierten Darstellung der einleitenden Symptome der Krankheit (beispielsweise wird Entkräftung in Sehnsucht umgewandelt), und der tatsächliche Schmerz wurde einfach ausgespart. Abgezehrte, hohlbrüstige junge Frauen und bleiche, rachitische junge Männer wetteiferten miteinander als Kandidaten für diese (zu jener Zeit) fast völlig unheilbare, entkräftende, wirklich schreckliche Krankheit. »Als ich jung war«, schrieb Theophile Gautier, »konnte ich als Lyriker niemanden akzeptieren, der mehr als 99 Pfund wog.« (Man beachte, daß Gautier Lyriker sagt; er hat sich offensichtlich mit der Tatsache abgefunden, daß Romanciers aus einem gröberen und massigeren Stoff gemacht sind.) Nach und nach wurde die tuberkulöse Erscheinung, die eine anziehende Verletzlichkeit, eine überlegene Sensibilität symbolisierte, in zunehmendem Maße zum idealen Aussehen der Frauen – während bedeutende Männer des mittleren und späten 19. Jahrhunderts dick wurden, Industrieimperien gründeten, Hunderte von Romanen schrieben, Kriege führten und Kontinente plünderten.

Völlig zu Recht kann man nun annehmen, daß diese Romantisierung der Tb eine nur literarische Umschreibung der Krankheit ist und daß Tb in der Zeit ihrer großen Verheerungen wahrscheinlich für abscheulich gehalten wurde, so wie heute Krebs. Gewiß wußte jeder im 19. Jahrhundert zum Beispiel über den stinkenden Atem schwindsüchtiger Menschen Bescheid. (In der Beschreibung ihres Besuchs beim sterbenden Murger notieren die Goncourts den »Gestank von verfaulendem Fleisch in seinem Schlafzimmer«.) Doch läßt alles darauf schließen, daß der Tb-Kult nicht nur eine Erfindung romantischer Dichter und Opernlibrettisten, sondern eine weitverbreitete Haltung war, und daß der Mensch, der (jung) an Tb starb, wirklich als romantischer Mensch angesehen wurde. Man muß vermuten, daß die Wirklichkeit dieser schrecklichen Krankheit es mit den neuen wichtigen Vorstellungen, insbesondere in bezug auf die Individualität, nicht aufnehmen konnte. Anhand der Tb wurde die Vorstellung von individueller Krankheit artikuliert sowie die Vorstellung, daß die Menschen bewußter werden, wenn sie sich mit ihrem Tod auseinandersetzen, und in den Bildern, die sich um diese Krankheit ansammelten, kann man eine moderne Vorstellung von Individualität sich abzeichnen sehen, die im 20. Jahrhundert dann eine aggressivere, wenn auch nicht weniger narzißtische Form angenommen hat. Die Krankheit war ein Weg, Menschen »interessant« zu machen – und gerade so ist »romantisch« ursprünglich auch definiert worden. (Schlegel stellt in seinem Aufsatz *Über das Studium der griechischen Poesie* [1795] das »Interessante« als das Ideal der modernen – d. h. der romantischen – Poesie hin.) »Das Ideal der vollkommenen Gesundheit«, schrieb Novalis in einem Fragment von 1799/1800, »ist nur wissenschaftlich interessant«; was wirklich interessiert, ist die Krankheit, »die zur Individualisierung gehört«. Ihre kühnste und ambivalenteste Formulierung erfuhr diese Vorstellung – wie interessant die Kranken sind – durch Nietzsche in *Der Wille zur Macht* und den anderen Schriften, und obwohl Nietzsche kaum je eine spezifische Krankheit erwähnte, verkörpern und verbreiten diese berühmten Urteile über die individuelle Schwäche und die kulturelle Erschöpfung oder Dekadenz viele der Klischees über Tb.

Die romantische Behandlung des Todes behauptet, daß die Menschen durch ihre Krankheiten einzigartig, interessanter würden. »Ich sehe blaß aus«, sagte Byron, als er in den Spiegel sah. »Ich würde gern an einer Schwindsucht sterben.« »Weshalb?« fragte ihn ein Freund, der Byron im Oktober 1810 in Athen besuchte. »Weil die Damen alle sagen würden: ›Seht doch den armen Byron, wie interessant sieht er als Sterbender aus‹.« Vielleicht ist das Hauptgeschenk der Romantiker an die Sensibilität nicht die Ästhetik der Grausamkeit und die Schönheit des Morbiden gewesen (wie Mario Praz in seinem berühmten Buch vorgeschlagen hat), ja nicht einmal das Verlangen nach unbegrenzter persönlicher Freiheit, sondern die nihilistische und sentimentale Vorstellung vom »Interessanten«.

Traurigkeit machte jemanden »interessant«. Es war ein Zeichen von Vornehmheit, von Sensibilität, traurig zu sein. Das bedeutet, machtlos zu sein. In Stendhals *Armance* wird der besorgten Mutter vom Arzt versichert, daß Octave schließlich doch nicht an Tuberkulose leide, sondern bloß an jener »von Unzufriedenheit erfüllten und kritischen Melancholie, wie sie für junge Menschen seiner Generation und Stellung charakteristisch ist«. Traurigkeit und Tuberkulose wurden Synonyme. Der Schweizer Schriftsteller Henri Amiel, der selbst Tuberkulose hatte, schrieb 1852 in seinem *Journal intime*: »Der Himmel drapiert in Grau, gefältelt durch kaum merkliche Schattierung, Nebelschwaden, die an den fernen Bergen entlangziehen; die verzweifelnde Natur, Blätter, die allerorten fallen wie die verlorenen Illusionen einer Jugend unter den Tränen unheilbaren Kummers … Die Föhre, allein in ihrer Kraft, grün, stoisch inmitten dieser universalen Tuberkulose.«

Um eine solche Traurigkeit zu empfinden oder auch, das ist darin impliziert, um sich Tuberkulose zu holen, bedarf es jedoch einer empfindsamen Person. Der Mythos Tb konstituiert die vorletzte Episode in der langen Laufbahn der alten Vorstellung von Melancholie – die, entsprechend der Theorie von den vier Körpersäften, die Krankheit des Künstlers war. Der melancholische Charakter – oder der tuberkulöse – war ein überlegener: empfindsam, schöpferisch, ein besonderes Wesen. Keats und Shelley mögen furchtbar unter dieser Krankheit gelitten haben. Aber Shelley tröstete Keats, daß diese »Schwindsucht eine Krankheit [sei], die Menschen besonders gern hat, die so gute Verse schreiben, wie Du es getan hast …« So gut eingeführt war das Klischee, das Tb und Kreativität verknüpfte, daß am Ende dieses Jahrhunderts ein Kritiker auf den Gedanken kam, es sei das zunehmende Verschwinden der Tb, das für den derzeitigen Niedergang der Literatur und bildenden Künste verantwortlich zu machen sei.

Der Mythos Tb sorgte jedoch für mehr als einen Nachweis der Kreativität. Er lieferte ein wichtiges Modell für das Bohèmeleben, das mit oder ohne Berufung zum Künstler gelebt wurde. Der Tb-Leidende war ein Dropout, ein Wanderer auf der nimmer endenden Suche nach dem gesunden Ort. Seit dem frühen 19. Jahrhundert wurde Tb ein neuer Grund für Exil, für ein Leben, das hauptsächlich aus Reisen bestand. (Weder das Reisen noch die Isolation in einem Sanatorium war bis zu diesem Zeitpunkt eine Form der Tb-Behandlung gewesen.) Es gab spezielle Orte, die als gut für Tuberkulosekranke galten: im frühen 19. Jahrhundert Italien, dann die Mittelmeer- oder Südpazifikinseln; im 20. Jahrhundert die Berge und die Wüste – alles Landschaften, die selbst eine um die andere romantisiert worden waren. Keats wurde von seinen Ärzten geraten, nach Rom zu ziehen; Chopin versuchte es mit den Inseln des westlichen Mittelmeers, und Robert Louis Stevenson wählte ein Exil im Pazifik; D. H. Lawrence trieb es über den halben Erdball.* Die Ro-

* »Infolge einer seltsamen Ironie«, schrieb Stevenson, »sind die Orte, wohin wir geschickt werden, wenn die Gesundheit uns im Stich läßt, oft einzigartig schön … [und] ich wage zu sagen, der kranke Mensch ist oft gar nicht mal so untröstlich, wenn er das Verbannungs-

mantiker erfanden das Kranksein als Vorwand für Müßiggang und die Entledigung von bürgerlichen Verpflichtungen zugunsten eines ausschließlich der Kunst gewidmeten Lebens. Es ist ein Weg, sich von der Welt zurückzuziehen, ohne für diese Entscheidung die Verantwortung übernehmen zu müssen – die Geschichte vom *Zauberberg*. Nachdem er seine Examina abgelegt hat und ehe er seine Stelle in einer Hamburger Schiffsbauerfirma antritt, unternimmt der junge Hans Castorp einen dreiwöchigen Besuch bei seinem tuberkulosekranken Vetter im Davoser Sanatorium. Kurz bevor Hans »runterfährt«, stellt der Arzt einen Fleck an der Lunge fest. Er bleibt die nächsten sieben Jahre auf dem Berg.

Dadurch, daß er so viele potentiell subversive Sehnsüchte bekräftigte und sie in kulturelle Heiligtümer verwandelte, überlebte der Mythos Tb unabweisbare menschliche Erfahrung und das wachsende medizinische Wissen um nahezu zweihundert Jahre. Obwohl es in der zweiten Hälfte des letzten Jahrhunderts eine gewisse Reaktion gegen den romantischen Kult der Krankheit gab, bewahrte die Tb die meisten ihrer romantischen Attribute – Zeichen einer überlegenen Natur, kleidsame Auffälligkeit – bis zum Ende des Jahrhunderts und ein gutes Stück in unseres hinein. In O'Neills *A Long Days Journey into Night (Eines langen Tages Reise in die Nacht)* ist sie immer noch die Krankheit des empfindsamen jungen Künstlers. Kafkas Briefe sind, wie der 1924 in seinem Todesjahr veröffentlichte *Zauberberg,* ein Kompendium der Spekulationen über die Bedeutung der Tuberkulose. Die Ironie im *Zauberberg* rührt großenteils

urteil entgegennimmt, und geneigt, seine mangelnde Gesundheit nicht als das unglücklichste Ereignis seines Lebens zu betrachten.« Die tatsächliche Erfahrung einer solchen aufgezwungenen Verbannung, wie Stevenson sie weiterhin beschreibt, war jedoch weniger angenehm. Der Tuberkulosekranke kann sein angenehmes Schicksal nicht genießen: »die Welt ist für ihn entzaubert«.

Katherine Mansfield schrieb: »Ich scheine mein halbes Leben damit zu verbringen, in fremden Hotels anzukommen. Die fremde Tür schließt sich hinter der Fremden, und dann schlüpfe ich zwischen die Laken. Ich warte darauf, daß die Schatten aus den Ecken kommen und ihr Gewebe langsam, langsam über die häßlichste aller Tapeten spinnen ... Der Mann in dem Zimmer neben meinem hat dasselbe Leiden wie ich. Wenn ich die Nacht über wache, höre ich, wie er sich umdreht. Und dann hustet er. Und nach einer kleinen Pause huste ich. Und er hustet erneut. Das geht lange Zeit so weiter. Bis ich das Gefühl habe, daß wir zwei Hähne sind, die während künstlicher Dämmerungen nacheinander rufen. Von weit abgelegenen Farmen.«

von der Tatsache her, daß Hans Castorp, der schwerfällige Bürger, Tb, die Künstlerkrankheit, bekommt – denn Manns Roman ist ein später, selbstreflektierter Kommentar zum Mythos Tb. Dieser Roman reflektiert jedoch den Mythos noch: Der Bürger *wird* durch seine Krankheit tatsächlich geistig verfeinert. An Tb zu sterben war immer noch mysteriös und (oft) erhebend, und das blieb so, bis praktisch in Westeuropa und Nordamerika niemand mehr daran starb. Obwohl das Vorkommen der Krankheit nach 1900 wegen der verbesserten Hygienebedingungen sprunghaft abzunehmen begann, blieb die Sterblichkeitsrate unter denen, die davon befallen wurden, doch hoch; die Kraft des Mythos schwand erst, als endlich eine angemessene Behandlung entwickelt wurde, d. h. bis zur Entdeckung des Streptomyzins 1944 und der Einführung von Isoniazid im Jahre 1952.

Wenn es immer noch schwerfällt, sich vorzustellen, wie die Wirklichkeit einer so schrecklichen Krankheit in so unsinniger Weise verwandelt werden konnte, so mag es hilfreich sein, einmal den vergleichbaren Entstellungsvorgang unserer eigenen Zeit zu betrachten, der unter dem Druck der Notwendigkeit, romantische Haltungen in bezug auf das Selbst zum Ausdruck zu bringen, vonstatten ging. Das Objekt der Entstellung ist selbstverständlich nicht der Krebs – eine Krankheit, die mit Glanz zu umgeben niemandem gelungen ist (wenngleich sie als Metapher einige der Funktionen erfüllt, wie sie die Tb im 19. Jahrhundert erfüllte). Die entsetzliche, quälende Krankheit des 20. Jahrhunderts, die zum Index einer höheren Empfindsamkeit, zum Vehikel »geistiger« Regungen und »kritischer« Unzufriedenheit gemacht wurde, ist der Wahnsinn.

Die Phantasien, die mit Tuberkulose und Wahnsinn verknüpft sind, haben viele Parallelen. Bei beiden Krankheiten gibt es die Einsperrung. Leidende werden in ein »Sanatorium« geschickt (das übliche Wort für eine Lungenheilanstalt und der verbreitetste Euphemismus für eine Irrenanstalt). Sobald er verwahrt ist, betritt der Patient eine zweite Welt mit speziellen Regeln. Wie Tb ist Wahnsinn eine Art von Exil. Die Metapher der psychischen Reise ist eine Erweiterung der romantischen Vorstellung vom Reisen, das mit Tuberkulose verknüpft war. Um geheilt zu werden, muß der Patient oder die Patientin aus der Alltagsroutine herausgenommen werden. Es ist kein Zufall, daß die verbreitetste Metapher für eine extreme psychologische Erfahrung – sei sie nun durch Drogen oder den Ausbruch der Psychose herbeigeführt – positiv gesehen eine Reise ist.

Im 20. Jahrhundert spaltete das Gewirr von Metaphern und Haltungen, die einst an die Tb geknüpft waren, sich auf und sonderte sich nach zwei Krankheiten. Einige charakteristische Züge der Tb fallen ins Feld des Wahnsinns: die Anschauung vom Leidenden als einer hektischen, ruhelosen Kreatur, die von einem Extremzustand der Leidenschaft in den anderen fällt, jemand, der zu empfindlich ist, um die Schrecken der vulgären Alltagswelt zu ertragen. Andere Züge der Tb werden auf Krebs übertragen, die Qualen, die nicht romantisiert werden können. Nicht Tb, sondern Wahnsinn ist das übliche Vehikel unseres säkularen Mythos von der Selbsttranszendenz. Die romantische Anschauung besagt, daß Krankheit das Bewußtsein schärft. Einst war Tb diese Krankheit; jetzt ist es der Wahnsinn, der das Bewußtsein in einen Zustand schlagartiger Erleuchtung versetzt. Die Romantisierung des Wahnsinns reflektiert in der vehementesten Weise das heutige Prestige irrationalen oder unzivilisierten (spontanen) Verhaltens (Ausagierens), eben jener Leidenschaftlichkeit, deren Unterdrückung einst als tuberkuloseauslösend angesehen wurde und nun als krebsauslösend gilt.

5

Im *Tod in Venedig* führt die Leidenschaft den Zusammenbruch all dessen herbei, was Gustav von Aschenbach einzigartig gemacht hat – sein Verstand, seine Hemmungen, sein anspruchsvolles Wesen. Und zudem reduziert ihn die Krankheit. Am Ende der Geschichte ist Aschenbach einfach nur ein weiteres Choleraopfer, und seine letzte Erniedrigung besteht darin, der Krankheit zu erliegen, von der in Venedig augenblicklich so viele befallen sind. Wenn bei Hans Castorp im *Zauberberg* Tuberkulose festgestellt wird, so ist das eine Aufwertung. Dank seiner Krankheit wird Hans eher einzigartig, wird er intelligenter sein, als er es zuvor war. In der einen Fiktion ist die Krankheit (Cholera) die Strafe für eine heimliche Liebe, in der anderen ist die Krankheit (Tb) deren Ausdruck. Die Cholera ist die Art von Verhängnis, die, nachträglich betrachtet, ein vielschichtiges Wesen simplifiziert, es auf seine kranke Umgebung reduziert hat. Die Krankheit hingegen, die individualisiert, die einen Menschen gegen die Umgebung abhebt, ist die Tuberkulose.

Was die Tb einst so »interessant« – oder, wie es gewöhnlich ausgedrückt wurde, romantisch – erscheinen ließ, machte aus ihr zugleich einen Fluch und eine Quelle besonderen Grauens. Im Gegensatz zu den großen epidemischen Krankheiten der Vergangenheit (Beulenpest, Typhus, Cholera), die jeden einzelnen Menschen als Mitglied einer befallenen Gemeinschaft trafen, wurde Tb als Krankheit aufgefaßt, die einen von der Gemeinschaft isoliert. Wie gewaltig immer ihr Vorkommen innerhalb einer Bevölkerung sein mochte, Tb schien – wie heute Krebs – stets eine mysteriöse Krankheit von Individuen zu sein, ein tödlicher Pfeil, der jeden treffen konnte und der sich seine Opfer eins nach dem anderen auswählte.

Wie nach einem Choleratodesfall, so war es gemeinhin üblich, die Kleider und andere Hinterlassenschaften eines Menschen, der an Tb gestorben war, zu verbrennen. »Diese rohen Italiener haben ihr monströses Geschäft nahezu beendet«, schrieb Keats' Gefährte Joseph Severn am 6. März 1821 aus Rom, zwei Wochen, nachdem Keats in dem Zimmerchen an der Piazza di Spagna gestorben war. »Sie haben das gesamte Mobiliar verbrannt und kratzen jetzt die Wände ab, sie machen neue Fenster, neue Türen, ja sogar einen neuen Fußboden.« Tb war jedoch nicht nur als ansteckende Krankheit furchterregend, wie Cholera, sondern auch als scheinbar willkürlicher, nicht übertragbarer »Makel«. Und die Leute konnten glauben, daß Tb erblich sei (man denke an das häufige Auftreten der Krankheit in den Familien von Keats, den Brontës, Emerson, Thoreau und Trollope), und zugleich glauben, daß sie etwas Spezielles über die befallene Person enthüllte. Ganz ähnlich kann der Beweis, daß es krebsanfällige Familien und bei Krebs möglicherweise einen Erbfaktor gibt, akzeptiert werden, ohne dem Glauben etwas anzuhaben, daß Krebs eine Krankheit sei, die jeden einzelnen Menschen als Individuum strafend trifft. Niemand, der Cholera oder Typhus bekommt, fragt »Warum ich?«. Aber »Warum ich?« (im Sinne von »das ist ungerecht«) ist die Frage vieler, die erfahren, daß sie Krebs haben.

So sehr man die Tb auch der Armut und den ungesunden Lebensumständen anlastete, man nahm doch immer noch an, daß eine gewisse innere Disposition vonnöten sei, um sich diese Krankheit zuzuziehen. Ärzte und medizinische Laien glaubten an einen Tb-Charakter – wie heute der Glaube an einen krebsanfälligen Charaktertyp nicht etwa auf die Hinterhöfe des volkstümlichen Aberglaubens beschränkt ist, sondern als fortschrittlichstes medizinisches Denken gilt. Im Gegensatz zum modernen Schreckgespenst des krebsanfälligen Charakters – jemand, der gefühlsarm, gehemmt, unterdrückt ist – war der Tb-anfällige Charakter, der in den Köpfen des 19. Jahrhunderts herumspukte, ein Amalgam zweier unterschiedlicher Phantasien: jemand, der zugleich leidenschaftlich und unterdrückt war.

Die andere berüchtigte Geißel unter den Krankheiten des 19. Jahrhunderts, die Syphilis, war wenigstens nicht mysteriös. Sich Syphilis zuzuziehen war eine vorhersehbare Folge, gewöhnlich die Folge des Geschlechtsverkehrs mit einem Träger dieser Krankheit. So war unter all den schuldbehafteten Phantasien über die sexuelle Verderbnis, die sich an die Syphilis knüpften, kein Platz für einen Persönlichkeitstypus, den man als besonders empfänglich für diese Krankheit ansah (wie man sich das einst in bezug auf Tb vorstellte und heute in bezug auf Krebs vorstellt). Der syphilitische Persönlichkeitstypus war jemand, der die Krankheit hatte (Oswald in Ibsens *Gespenster,* Adrian Leverkühn in *Doktor Faustus*), nicht jemand, der sie wahrscheinlich bekommen würde. Mit ihrer Rolle als Geißel impliziert die Syphilis ein moralisches Urteil (über verbotenen Sex, über Prostitution), aber kein psychologisches. Tb, einst so mysteriös – wie heute Krebs –, legte Urteile mit tieferreichenden Wurzeln, sowohl moralischer wie psychologischer Natur, über den Kranken nahe.

Die Spekulationen der Alten Welt machten die Krankheit häufig zu einem Instrument göttlichen Zorns. Das Strafgericht wurde über eine Gemeinde verhängt (die Pest im ersten Buch der *Ilias*, die Apollo als Strafe dafür, daß Agamemnon Chryses Tochter mißbraucht hat, über die Achäer kommen läßt; die Pest im *Ödipus*, die infolge der besudelnden Gegenwart des königlichen Sünders über Theben kommt) oder über eine einzelne Person (die stinkende Wunde am Fuß des Philoktet). Die Krankheiten, um die sich die modernen Phantasien kristallisiert haben – Tb, Krebs –, werden als Formen der Selbstbestrafung, des Selbstverrats betrachtet.

Der Geist verrät den Körper. »Manchmal scheint es mir, Gehirn und Lunge hätten sich ohne mein Wissen verständigt«, schrieb Kafka in einem Brief an Max Brod vom September 1917 über seine Tb. Oder der Körper verrät die Gefühle, wie in Thomas Manns später Erzählung *Die Betrogenen*, deren alternde Heldin, die in jugendlicher Weise in einen jungen Mann verliebt ist, für die Wiederkehr der Menstruation hält, was in Wirklichkeit eine Blutung und Symptom einer unheilbaren Krebserkrankung ist. Es wird angenommen, daß der Verrat des Körpers seine eigene innere Logik hat. Freud war »sehr schön, wenn er sprach«, erinnerte sich Wilhelm Reich. »Dann traf es ihn gerade dort, am Mund. Und an diesem Punkt hat mein Interesse für Krebs seinen Anfang genommen.« Dieses Interesse veranlaßte Reich, seine Version von der Verbindung zwischen einer tödlichen Krankheit und dem Charakter dessen, den sie erniedrigt, vorzutragen.

In der vormodernen Krankheitsauffassung war die Rolle des Charakters auf das Verhalten bei ihrem Ausbruch beschränkt. Wie alle extremen Situationen bringen gefürchtete Krankheiten das Schlimmste und Beste zum Vorschein, das im Menschen steckt. Die Standardberichte über Epidemien handeln jedoch hauptsächlich von der verheerenden Auswirkung der Krankheit auf den Charakter. Je schwächer das Vorurteil des Chronisten von der Krankheit als einer Strafe für Schlechtigkeit, desto wahrscheinlicher ist es, daß der Bericht die Sittenverderbnis betont, die durch die Ausbreitung der Krankheit offenkundig wird. Selbst wenn die Krankheit nicht für eine Bestrafung der Gemeinschaft gehalten wird, so wird sie – rückwirkend – doch eine, da sie unausweichlich den Zusammenbruch von Sitte und Anstand in Gang setzt. Thukydides berichtet, auf welchem Wege die Pest, die 430 v. Chr. ausbrach, Unordnung und Gesetzlosigkeit säte (»Der Genuß des Augenblicks nahm die Stelle sowohl der Ehre als auch der Zweckdienlichkeit ein.«) und die Sprache selbst korrumpierte. Und Boccaccio geht es bei den ersten Seiten seiner Beschreibung der großen Pest von 1348 im *Decamerone* um nichts anderes, als zu zeigen, wie schlecht die Bürger von Florenz sich aufführten.

Im Gegensatz zu diesem verachtungsvollen Wissen darüber, wie die meisten Treue- und Liebesverhältnisse an der Panik, die von der epidemischen Krankheit erzeugt wird, zuschanden werden, scheinen die Darstellungen moderner Krankheiten – bei denen die Strafe eher das Individuum als die Gesellschaft trifft – übertrieben, unbekümmert darum, wie dürftig die Reaktion vieler Menschen auf die Neuigkeit ausfällt, daß sie sterben müssen. Die tödliche Krankheit ist immer als Prüfung des moralischen Charakters betrachtet worden, doch herrscht im 19. Jahrhundert großer Widerwille, bei dieser Prüfung irgend jemanden durchfallen zu lassen. Die Tugendhaften werden in dem Maße, wie es dem Ende zugeht, nur immer tugendhafter. Das ist die Standardleistung bei Tb-Toden in der erzählenden Literatur, und diese geht einher mit der unausbleiblichen Vergeistigung der Tb und der Sentimentalisierung ihrer Schrecken. Die Tuberkulose sorgt für einen erlösenden Tod der Gefallenen, wie der jungen Prostituierten Fantine in Victor Hugos *Die Elenden*, oder für einen Opfertod der Tugendhaften, wie der Heldin von Selma Lagerlöfs *Der Fuhrmann des Todes*. Selbst wahre Ausbunde an Tugend schwingen sich, wenn sie an dieser Krankheit sterben, zu neuen moralischen Höhen auf. *Onkel Toms Hütte*: Während ihrer letzten Tage drängt die kleine Eva ihren Vater, er möge ein ernsthafter Christ werden und seine Sklaven freilassen. *The Wings of the Dove*: Nachdem sie erfahren hat, daß ihr Freier ein Heiratsschwindler ist, vermacht Milly Theale ihm ihr Vermögen und stirbt. *Dombey and Son*: »Aus irgendeinem verborgenen Grunde, den er selbst – wenn überhaupt – nur sehr unvollkommen verstand, fühlte (Paul) das wachsende Verlangen, allen und jedem in seiner Nähe seine Zuneigung zu bekunden.«

Für diejenigen Charaktere, die weniger sentimental behandelt werden, gilt die Krankheit als die Gelegenheit, sich endlich richtig zu verhalten. Wenigstens kann das Unglück der Krankheit den Weg zur Einsicht in lebenslange Selbsttäuschungen und Charakterfehler ebnen. Die Lügen, die Iwan Iljitschs sich hinschleppendes Unglück verhüllen – er kann seiner Frau und seinen Kindern gegenüber seinen Krebs nicht erwähnen –, enthüllen ihm die Lüge seines ganzen Lebens; als er stirbt, ist er zum ersten Male im Stand der Wahrheit. Der 60jährige Beamte in Kurosawas Film *Ikiru* (1952) gibt seine Stelle auf, nachdem er erfahren hat, daß er unheilbaren Magenkrebs hat, nimmt sich der Sache eines Slumviertels an und bekämpft die Bürokratie, der er gedient hat. Da er nur noch ein Jahr zu leben hat, will Watanabe etwas Wertvolles tun, will er sein mittelmäßiges Leben wettmachen.

6

Krankheit kommt in der *Ilias* und der *Odyssee* als übernatürliche Strafe, als dämonische Besessenheit und als Ergebnis natürlicher Ursachen vor. Für die Griechen konnte Krankheit unverdient oder verdient sein (Folge eines persönlichen Fehlers, eines kollektiven Vergehens oder eines Verbrechens der Vorfahren). Mit dem Aufkommen des Christentums, das wie von allem anderen, so auch von der Krankheit moralischere Anschauungen durchsetzte, entwickelte sich allmählich eine innere Verknüpfung zwischen Krankheit und »Opfer«. Die Vorstellung von Krankheit als Bestrafung führte zu der Vorstellung, daß eine Krankheit eine besonders geeignete und gerechte Bestrafung sein könne. Cresseids Lepra in Henrysons *The Testament of Cresseid* und die Pocken Madame de Merteuils in Choderlos de Laclos' *Die gefährlichen Liebschaften* zeigen das wahre Gesicht des schönen Lügners – eine höchst unfreiwillige Enthüllung.

Im 19. Jahrhundert wurde die Anschauung, daß die Krankheit zum Charakter des Patienten paßt wie die Strafe zum Sünder, durch die Ansicht abgelöst, daß sich in ihr der Charakter ausdrückt. Sie kann vom Willen hervorgerufen werden. Der Wille stellt sich »anschaulich dar als organischer Leib«, schrieb Schopenhauer. Doch er verneinte, daß der Wille selbst krank sein könnte. Die Heilung von einer Krankheit hängt vom Willen ab, der »sich mit diktatorischer Gewalt bekleidet, um die rebellischen Potenzen [des Körpers] zu dämpfen«. Eine Generation früher hat ein großer Arzt, Bichat, ein ähnliches Bild gebraucht, indem er die Gesundheit »das Schweigen der Organe« und die Krankheit »ihre Revolte« nannte. Krankheit ist, was durch den Körper spricht, eine Sprache, die das Geistige dramatisieren kann: eine Form des Selbstausdrucks. Groddeck beschrieb die Krankheit als »... das Symbol, eine Darstellung eines inneren Vorgangs, ein Theaterspiel des Es ...«*

Entsprechend dem vormodernen Ideal eines ausgeglichenen Charakters soll die Ausdrucksfähigkeit begrenzt sein. Das Verhalten wird definiert durch seine Potentialität zum Exzeß. Wenn Kant also bildlichen Gebrauch vom Krebs macht, dann benutzt er ihn als Metapher für exzessives Fühlen. »Leidenschaften sind Krebsschäden für die reine praktische Vernunft und mehrenteils unheilbar«, schrieb Kant 1798 in der *Anthropologie.* Sie seien »... Gemütsstimmungen, die mit viel Übeln schwanger gehen«, fügte er hinzu und griff damit auf die alte metaphorische Verknüpfung von Krebs und Schwangerschaft zurück. Wenn Kant Leidenschaften (d. h. extreme Empfindungen) mit Krebsschäden vergleicht, so bedient er sich natürlich der vormodernen Bedeutung der Krankheit und einer vorromantischen Einschätzung der Leidenschaft. Alsbald sollte ungestümes Empfinden weit positiver betrachtet werden. »In der ganzen Welt gibt es niemanden, der weniger imstande wäre, seine Empfindungen zu verbergen als Émile«, sagte Rousseau – und das war als Kompliment gemeint.

Wenn der Gefühlsüberschwang dann als etwas Positives angesehen wird, wird er nicht länger – zu seiner Verunglimpfung – mit einer

* Kafka schrieb, nachdem im September 1917 seine Tb diagnostiziert worden war, in sein Tagebuch: »... die Lungenwunde [ist] nur ein Sinnbild ...«, Sinnbild einer emotionalen »Wunde, deren Entzündung F[elice] ... heißt«. An Max Brod schrieb er: »... die Krankheit spricht ... statt meiner, weil ich sie darum gebeten habe«; und an Felice: »Ich halte nämlich diese Krankheit im geheimen gar nicht für eine Tuberkulose, oder wenigstens zunächst nicht für eine Tuberkulose, sondern für meinen allgemeinen Bankrott.«

schrecklichen Krankheit verglichen. Statt dessen wird Krankheit als Vehikel exzessiven Empfindens betrachtet. Tb ist die Krankheit, die ein intensives Verlangen manifest macht, die, dem Widerstreben des Individuums zum Trotz, an den Tag bringt, was das Individuum nicht zu enthüllen wünscht. Der Gegensatz liegt nicht länger zwischen gemäßigten Empfindungen und überschwenglichen, sondern zwischen versteckten Leidenschaften und solchen, die offen gezeigt werden. Die Krankheit enthüllt Wünsche, deren der Patient sich möglicherweise nicht bewußt war. Krankheiten – und Patienten – werden zum Gegenstand des Entschlüsselns. Und diese verborgenen Leidenschaften werden nun als Krankheitsquellen angesehen. »Wer begehrt, aber nicht handelt, gebiert Pest«, schrieb Blake: eines seiner aufsässigen *Proverbs of Hell.*

Der Frühromantiker suchte Überlegenheit durch das Verlangen und den Wunsch, intensiver nach etwas zu verlangen, als andere das tun. Die Unfähigkeit, diese Ideale der Vitalität und der vollkommenen Spontaneität zu verwirklichen, machte einen Menschen in den Augen der Zeit zum idealen Anwärter für Tb. Die Romantik unserer Zeit geht vom umgekehrten Prinzip aus – daß es die anderen sind, die intensiv etwas wünschen, und daß man selbst es ist (die Erzählungen sind typischerweise in der ersten Person verfaßt), der wenig oder überhaupt kein Verlangen kennt. In den russischen Romanen des 19. Jahrhunderts gibt es Vorläufer der modernen romantischen Ichs der Gefühllosigkeit (Petschorin in Lermontows *Ein Held unserer Zeit*, Stawrogin in *Die Besessenen*); doch sind das noch Helden – ruhelos, bitter, selbstzerstörerisch, gequält von der eigenen Gefühllosigkeit. (Selbst ihre verdrießlichen, bloß noch mit sich selbst beschäftigten Nachfahren, Roquentin in Sartres *La Nausée [Der Ekel]* und Meursault in Camus' *L'Ètranger [Der Fremde]* scheinen verwirrt über ihre Unfähigkeit zu fühlen). Der passive, affektfreie Antiheld, der die gegenwärtige amerikanische Erzählliteratur beherrscht, ist ein Geschöpf geregelter Abläufe oder empfindungsfreier Ausschweifung; nicht selbstzerstörerisch, sondern vorsichtig, nicht launisch, überschwenglich, grausam, sondern nur abgekapselt, der heutigen Mythologie zufolge der ideale Krebsanwärter.

Daß man aufhört, Krankheit als Strafe zu betrachten, die dem objektiven moralischen Charakter entspricht, und sie zum Ausdruck des eigenen Wesens macht, mag weniger moralistisch erscheinen. Dieser Standpunkt stellt sich jedoch als ebenso oder noch stärker moralistisch und strafend heraus. Bei den modernen Krankheiten (einst Tb, jetzt Krebs) wird die romantische Vorstellung, daß die Krankheit den Charakter ausdrückt, unweigerlich zu der Behauptung erweitert, der Charakter verursache die Krankheit – weil er sich nicht ausgedrückt hat. Die Leidenschaft kehrt sich nach innen, trifft und zerstört noch die innersten Zellprozesse.

»Der Mensch macht seine Krankheiten selbst«, schrieb Groddeck, »... er ist die Ursache der Krankheit, und eine andere braucht man nicht zu suchen.« »Bazillen« stehen am Anfang von Groddecks Liste der bloß »äußeren Ursachen«, und es folgen: »Erkältung, zu viel Essen, zu viel Trinken, Unfälle, Arbeit und was es sonst noch gibt«. Er besteht darauf, daß die Ärzte »mit Prophylaxe und Desinfektion und so weiter« lieber den äußeren Ursachen zuleibe gingen, weil »es sehr unangenehm ist, in sich hineinzuschauen«. In Karl A. Menningers jüngerer Formulierung heißt das: »Die Krankheit ist zum Teil das, was die Welt einem Opfer angetan hat, zum größten Teil aber ist sie das, was das Opfer mit seiner Welt und mit sich selbst gemacht hat ...« Solche albernen und gefährlichen Ansichten bringen es zuwege, daß die Last der Krankheit dem Patienten aufgebürdet wird, und sind nicht nur der Fähigkeit des Patienten abträglich, die Wichtigkeit einer plausiblen medizinischen Behandlung einzusehen, sondern lenken den Patienten implizit von einer solchen Behandlung weg. Die Heilung soll prinzipiell von der bereits schwer geprüften oder schon geschwächten Fähigkeit des Patienten zur Selbstliebe abhängen.

Ein Jahr vor ihrem Tod im Jahre 1923 schrieb Katherine Mansfield in ihr *Journal*: »Ein schlechter Tag ... schreckliche Schmerzen und Schwäche. Ich habe nichts tun können. Die Schwäche war nicht nur physischer Natur. *Ich muß erst mein Selbst heilen*, ehe es mir gutgehen kann. Dies muß ich allein tun, und zwar sofort. Es ist die Wurzel meines unverändert schlechten Zustandes. Mein Bewußtsein ist nicht *unter Kontrolle*.« Katherine Mansfield glaubt nicht nur, daß es das »Selbst« gewesen sei, was sie krank gemacht hat, sie glaubt sogar, daß sie eine Chance hätte, von ihrer hoffnungslos fortgeschrittenen Lungenkrankheit geheilt zu werden, wenn sie nur dieses »Selbst« heilen könnte.*

Sowohl der Tb-Mythos als auch der geläufige Krebsmythos stellen es so hin, daß man für seine Krankheit selbst verantwortlich sei. Dabei ist das Bild vom Krebs weit strafender. In Anbetracht der romantischen Werte, die zur Beurteilung von Charakter und Krankheit verwendet wurden, ist die Tatsache, daß man eine Krankheit hat, die von einem Zuviel an Leidenschaft herrührt, von einem gewissen Glanz umgeben. Eine Krankheit, von der man annimmt, daß sie aus der Unterdrückung von Gefühlen entsteht – eine Schande, die in den Ansichten widerhallt, die von Groddeck und Reich und vielen, von ihnen beeinflußten Schriftstellern propagiert wurden –, ist dagegen zumeist von Scham umgeben. Die Anschauung vom Krebs als einer Krankheit aus Mangel an Ausdrucksfähigkeit verurteilt den Krebspatienten: Sie drückt Mitleid aus, läßt jedoch auch Verachtung spüren. Miss Gee in Audens Gedicht aus den 30er Jahren »wendet sich ab«, als »Liebespaare an ihr vorbeigehen«. Und dann:

Miss Gee sat down in the side-aisle,
She knelt down on her knees;
›Lead me not into temptation
But make me a good girl, please.‹

The days and nights went by her
Like waves round a Cornish wreck;
She bicycled down to the doctor
With her clothes buttoned up to her neck.

* »Katherine Mansfield«, schrieb John Middleton Murry, »war zu der Überzeugung gelangt, daß ihre körperliche Gesundheit von ihrer geistigen Verfassung abhängig sei. Von da an war ihr Geist damit beschäftigt, irgendeinen Weg zu entdecken, um ihre ›Seele‹ zu heilen, und zu meinem Bedauern beschloß sie schließlich, ihre Behandlung aufzugeben und so zu leben, als ob ihre physische Erkrankung zufällig sei, ja, soweit sich das machen ließ, sogar so, als sei sie gar nicht existent.«

She bicycled down to the doctor,
And rang the surgery bell;
›O, doctor, I've a pain inside me,
And I don't feel very well.‹

Doctor Thomas looked her over,
And then he looked some more;
Walked over to his wash-basin,
Said, ›Why didn't you come before?‹

Doctor Thomas sat over his dinner,
Though his wife was waiting to ring,
Rolling his bread into pellets;
Said, ›Cancer's a funny thing.

›Nobody knows what the cause is,
Though some pretend they do;
It's like some hidden assassin
Waiting to strike at you.

›Childless women get it,
And men when they retire;
It's as if there had to be some outlet
For their foiled creative fire.‹ …

Der Tuberkulosekranke konnte ein Ausgestoßener oder ein nicht gesellschaftsfähiger Mensch sein; die Persönlichkeit des Krebskranken wird eher schlicht und nicht ohne Herablassung als die eines Verlierers im Leben betrachtet. Napoleon, Ulysses S. Grant, Robert A. Taft und Hubert Humphrey haben sämtlich bescheinigt bekommen, daß ihr Krebs als Reaktion auf politisches Scheitern und das Fehlschlagen ihrer Ambitionen zu verstehen sei. Und die Krebstode derjenigen, die sich weniger leicht als Verlierer einstufen lassen, wie Freud und Wittgenstein, sind als grausame Strafen diagnostiziert worden, die für einen lebenslangen Triebverzicht verhängt worden sind. (Nur wenige wissen noch, daß Rimbaud an Krebs starb.) Im Gegensatz dazu war die Krankheit, die Leute wie Keats, Poe, Tschechow, Simone Weil, Emily Brontë und Jean Vigo ereilte, ebensosehr eine Apotheose wie ein Verdikt des Scheiterns.

7

Vielleicht weil die unromantische Depression die romantische Anschauung von der Melancholie abgelöst hat, gilt Krebs im Gegensatz zur Tuberkulose generell als eine für einen romantischen Charakter ungeeignete Krankheit. »Eine angemessene melancholische Überspanntheit«, schrieb Poe, »wird stets als untrennbar von der Vollkommenheit der Schönheit vorgefunden werden.« Depression ist Melancholie abzüglich deren Reize – der Lebhaftigkeit, der Stimmungsausbrüche.

Zur Stützung der Theorie über die emotionalen Ursachen von Krebs gibt es eine ständig wachsende Literatur und Forschungsarbeit: Es vergeht kaum eine Woche, ohne daß ein neuer Artikel einem nicht-fachlichen Publikum die wissenschaftliche Verknüpfung zwischen Krebs und schmerzlichen Empfindungen verkündigt. Untersuchungen werden angeführt – die meisten Artikel beziehen sich dabei auf dieselben –, bei denen von, sagen wir, mehreren hundert Krebspatienten zwei Drittel oder drei Fünftel angeben, deprimiert oder mit ihrem Leben unzufrieden zu sein und unter dem Verlust (sei es durch Tod oder Zurückweisung oder Trennung) eines Verwandten, Liebhabers, Ehegatten oder nahen Freundes gelitten zu haben. Es ist jedoch genauso wahrscheinlich, daß von mehreren hundert Menschen, die *keinen* Krebs haben, die meisten ebenfalls angeben würden, depressive Gefühle und traumatische Erlebnisse zu kennen: Das nennt man menschliches Schicksal. Und diese Fallgeschichten werden erzählt in einer besonders geschmeidigen Sprache der Verzweiflung, der Unzufriedenheit und der obsessiven Beschäftigung mit dem isolierten Selbst und seinen niemals gänzlich zufriedenstellenden »Beziehungen«, die unmißverständlich den Stempel unserer Konsumkultur trägt. Es ist dies eine Sprache, die gegenwärtig viele Amerikaner in bezug auf sich selbst gebrauchen.*

Untersuchungen, die im letzten Jahrhundert von einigen Ärzten durchgeführt worden waren, zeigten eine starke Wechselbeziehung zwischen Krebs und den Klagen jener Epoche. Im Gegensatz zu den heutigen amerikanischen Krebspatienten, die samt und sonders angeben, seit der Kindheit unter Isolations- und Einsamkeitsgefühlen gelitten zu haben, beschrieben viktorianische Krebspatienten ihr allzu strapaziöses Leben, das von Arbeit, Familienverpflichtungen und Entbehrungen überlastet war. Diese Patienten drücken keine Unzufriedenheit mit ihrem Leben als solchem aus oder spekulieren über die Qualität seiner Befriedigungen und die Möglichkeit einer »bedeutungsvollen Beziehung«. Die Ärzte fanden als Ursachen oder prädisponierende Faktoren ihrer Krebspatienten Kummer, Sorgen (am akutesten, so bemerkte man, unter Geschäftsleuten und den Müttern großer Familien), angespannte ökonomische Verhältnisse, plötzliche Schicksalsschläge und Überarbeitung – oder wenn die Patienten erfolgreiche Schriftsteller oder Politiker waren, waren es

* So wurde eine Untersuchung von Dr. Caroline Bedell Thomas von der John Hopkins University School of Medicine kürzlich in einem Zeitungsartikel (»Kann Ihre Persönlichkeit Sie umbringen?«) folgendermaßen zusammengefaßt: »Kurz gesagt, Krebsopfer sind Menschen, die auf kleiner Flamme leben, die selten die Beute von Gefühlsausbrüchen werden. Sie haben die Empfindung, von ihren Eltern getrennt zu sein, die noch aus der Kindheit datiert. Dr. Claus und Dr. Marjorie Bahnson am Eastern Pennsylvania Psychiatric Institute haben ›eine Persönlichkeitsstruktur herausgearbeitet, die durch die Verleugnung von Feindseligkeit, durch Depressionen und die Erinnerung an mangelnde Gefühlszuwendung in der Kindheit‹ und ›die Schwierigkeit, enge Beziehungen aufrechtzuerhalten‹ gekennzeichnet ist. Dr. O. Carl Simonton, ein Radiologe in Fort Worth, Texas, der seine Patienten sowohl mit Bestrahlungen als auch psychotherapeutisch behandelt, beschreibt die Krebspersönlichkeit als jemanden mit ‹einer starken Neigung zum Selbstmitleid und der auffällig unzulänglichen Fähigkeit, bedeutungsvolle Beziehungen einzugehen und aufrechtzuerhalten‹.« Lawrence LeShan, ein New Yorker Psychologe und Psychotherapeut *(You Can Fight for Your Life: Emotional Factors in the Causation of Cancer [1977])* behauptet, es gebe »einen allgemeinen Typus von Persönlichkeitskonfiguration unter der Mehrzahl der Krebspatienten« und eine Weltsicht, die den Krebspatienten gemeinsam ist und »die aus der Zeit vor der Krebsentwicklung stammt«. Er teilt »die zugrunde liegende Gefühlsstruktur des Krebspatienten« in drei Abschnitte: »eine Kindheit oder Jugend, die durch Einsamkeitsgefühle charakterisiert ist«, den Verlust der »bedeutungsvollen Beziehung«, die man im Erwachsenenalter gefunden hat, und die daraus folgende »Überzeugung, daß das Leben nun hoffnungslos ist«. »Der Krebspatient«, schreibt LeShan, »ist in fast unabänderlicher Weise voller Verachtung seiner selbst, seiner Fähigkeiten und Möglichkeiten.« Krebspatienten sind »gefühlsleer und ermangeln des Selbstgefühls«.

Kummer, Zorn, intellektuelle Überbeanspruchung, die mit Ehrgeiz einhergehenden Ängste und der Druck eines Lebens in der Öffentlichkeit.*

Die Krebspatienten des 19. Jahrhunderts bekamen die Krankheit, so nahm man an, als Ergebnis von Überaktivität und Überanspannung. Sie schienen voller Emotionen zu sein, die niedergehalten werden mußten. Als Prophylaxe gegen Krebs legte ein englischer Arzt seinen Patienten nahe, »ihre Kraft nicht zu überschätzen und die Unbilden des Lebens mit Gleichmut zu ertragen, vor allem anderen aber keinerlei Kummer ›nachzugeben‹.« Solche stoischen Ratschläge sind mittlerweile ersetzt durch die Empfehlung zum Selbstausdruck, vom Sichaussprechen bis hin zum Urschrei. Im Jahre 1885 pries ein Bostoner Arzt »denjenigen, die offenkundig gutartige Tumore in der Brust haben, den Vorteil, den es hat, heiter zu sein«. Heute würde man dies als Ermutigung zu gerade der Art von emotionaler Abkapselung auffassen, die mittlerweile als krebsfördernd gilt.

Populärwissenschaftliche Berichte über die psychologischen Aspekte von Krebs zitieren oft alte Autoritäten, beginnend mit Galen, der beobachtete, daß »melancholische Frauen« mit höherer Wahrscheinlichkeit Brustkrebs bekommen als »sanguinische Frauen«. Die Bedeutungen haben sich jedoch gewandelt. Galen (2. Jahrhundert n. Chr.) verstand unter Melancholie einen physiologischen Zustand mit komplexen charakterologischen Symptomen; wir ver-

* »Ständig viel Aufregung und anstrengende Arbeit« ist eine Bemerkung, die in vielen der kurzen Fallgeschichten in Herbert Snows *Clinical Notes on Cancer* (1883) vorkommt. Snow war Chirurg am Krebskrankenhaus in London, und die meisten Patienten, die er zu Gesicht bekam, waren arm. Eine typische Beobachtung: »Von 140 Fällen von Brustkrebs gaben 103 eine Schilderung vorangegangener geistiger Strapazen, harter Arbeit oder einer anderen entkräftigenden Tätigkeit. Von 187 Fällen von Unterleibskrebs wiesen 91 eine ähnliche Geschichte vor.« Ärzte, die Patienten mit einer angenehmeren Lebensweise hatten, machten andere Beobachtungen. G. von Schmitt, der Arzt, der Alexandre Dumas wegen Krebs behandelt hatte, veröffentlichte 1871 ein Buch über Krebs, worin er die »absorbierende und zudem im Sitzen auszuführende Studientätigkeit und andere Beschäftigungen dieser Art, die fieberhafte und angstbegleitete Aufregung des öffentlichen Lebens, die Nöte des Ehrgeizes, häufige Wutanfälle und heftigen Kummer« als die »Hauptursachen« der Krankheit anführte. Zitiert in Samuel J. Kowal, M. D., »Emotions as a Cause of Cancer: 18th and 19th Century Contributions«, in: *Review of Psychoanalysis,* 42, 3 (Juli 1955).

stehen darunter eine bloße Temperamentslage. »Kummer und Furcht«, sagte der englische Chirurg Sir Astley Cooper 1845, gehören zu den »häufigsten Ursachen« von Brustkrebs. Die Beobachtungen des 19. Jahrhunderts unterminieren die Anschauungen des späten 20. Jahrhunderts jedoch eher, als daß sie sie unterstützen – sie sprechen von einem manischen oder manisch-depressiven Charaktertyp, der nahezu das Gegenteil des verlorenen, sich selbst hassenden, gefühlsarmen Wesens, der heutigen Krebspersönlichkeit, ist. Soweit ich weiß, hat kein Onkologe, der von der Wirksamkeit der Polychemotherapie und Immuntherapie bei der Patientenbehandlung überzeugt ist, mit zu den Fiktionen über eine spezifische Krebspersönlichkeit beigetragen. Unnötig zu sagen, daß die Hypothese, Kummer ziehe die immunologische Abwehrbereitschaft in Mitleidenschaft (und könne unter gewissen Umständen die Immunität gegenüber der Krankheit herabsetzen), wohl kaum dasselbe ist wie die Anschauung, daß Gefühle Krankheiten verursachen, und noch weniger einen Beweis für den Glauben liefert, daß spezielle Emotionen spezielle Krankheiten erzeugen können.

Die Mutmaßungen der jüngsten Zeit über den modernen Typ des Krebscharakters finden ihren wahren Vorgänger und ihr Gegenstück in der Literatur über Tb, wo dieselbe, in ähnliche Termini gefaßte Theorie lange in Umlauf war. In seinem *Morbidus Anglicus* (1672) erklärte Gideon Harvey »Melancholie« und »Schwarze Galle« zur »einzigen Ursache« der Tb (für die er die metaphorische Umschreibung »Zerfall« [»corrosion«] gebrauchte). Im Jahre 1881, ein Jahr ehe Robert Koch seine Schrift veröffentlichte, die die Entdeckung des Tuberkelbazillus verkündete und demonstrierte, daß dieser die Hauptursache der Erkrankung sei, gab ein medizinisches Standardlehrbuch als Ursachen der Tuberkulose an: erbliche Veranlagung, ungünstiges Klima, sitzend verrichtete Arbeit in geschlossenen Räumen, unzureichende Lüftung, Mangel an Licht und »depressive Gefühle«.* Obwohl diese Angabe für die nächste Ausgabe geändert werden mußte, dauerte es eine lange Zeit, bis derlei Anschauungen

* August Flint und William H. Welch, *The Principles and Practice of Medicine* (5. Aufl. 1881), zit. bei René und Jean Dubos, *The White Plague* (1952).

an Glaubwürdigkeit verloren. »Ich bin geistig krank, die Lungenkrankheit ist nur ein aus-den-Ufern-treten der geistigen Krankheit«, schrieb Kafka 1920 an Milena. Auf die Tb angewendet hielt sich die Theorie, daß Gefühle Krankheiten verursachen, bis weit in dieses Jahrhundert hinein – so lange, bis man endlich herausfand, wie die Krankheit zu heilen war. Die Anwendung der Theorie, die gegenwärtig in Mode ist – und die den Krebs auf das emotionale Zukurzgekommensein und den Mangel an Selbstvertrauen und an Vertrauen in die Zukunft bezieht –, wird sich wahrscheinlich als nicht haltbarer erweisen als ihre Anwendung auf die Tuberkulose.

Im pestgeplagten England des späten 16. und 17. Jahrhunderts war dem Historiker Keith Thomas zufolge der Glaube weit verbreitet, daß »der glückliche Mensch keine Pest bekommen würde«. Die Phantasie, daß ein glückliches Gemüt Krankheit fernhalten würde, blühte wahrscheinlich in bezug auf alle infektiösen Krankheiten, ehe die Natur der Infektion verstanden wurde. Theorien darüber, daß die Krankheit durch Geisteszustände verursacht und durch Willenskraft geheilt werden könne, sind stets ein Indiz dafür, in welchem Maße man sich über das physische Terrain einer Krankheit im unklaren ist.

Hinzu kommt, daß es eine spezifisch moderne Vorliebe für psychologische Erklärungen gibt, von Krankheiten wie von allem anderen auch. Das Psychologisieren scheint Kontrolle gerade über die Erfahrungen und Ereignisse (wie schwere Krankheiten) zu verschaffen, über die die Menschen tatsächlich wenig oder keine Kontrolle besitzen. Das psychologische Verständnis untergräbt die »Realität« einer Krankheit. Diese Realität muß erklärt werden. (Sie bedeutet in Wirklichkeit; oder ist ein Symbol für; oder muß interpretiert werden als.) Für diejenigen, die weder mit religiösen Tröstungen in bezug auf den Tod noch mit einer Ansicht über den Tod (oder irgend etwas sonst) als etwas Natürlichem leben, ist der Tod das obszöne Mysterium, der äußerste Affront, die Sache, die sich nicht kontrollieren läßt. Er kann nur verleugnet werden. Ein großer Teil der Popularität und Überzeugungskraft der Psychologie kommt daher, daß es sich bei ihr um einen sublimierten Spiritualismus handelt: einen säkularen, offenkundig wissenschaftlichen Weg, das Primat des »Geistigen« über die Materie zu bekräftigen. Jener unausweichlich materiellen Realität, der Krankheit, läßt sich eine psychologische Erklärung verleihen. Der Tod selbst kann letztlich als psychologisches Phänomen betrachtet werden. Groddeck erklärte in *Das Buch vom Es* (er sprach von der Tb): »Denn nur der stirbt, der sterben will, dem das Leben unerträglich wurde.« Das Versprechen eines zeitweisen Triumphs über den Tod steckt implizit in einem Gutteil des psychologischen Denkens, das mit Freud und Jung seinen Anfang nimmt.

Zumindest gibt es da das Versprechen eines Triumphs über die Krankheit. Eine »physische« Krankheit wirkt in irgendeiner Weise weniger real – zum Ausgleich dafür aber um so interessanter –, sofern sie nur als eine »geistige« betrachtet werden kann. Während der ganzen Neuzeit neigte das spekulative Denken ständig dazu, die Kategorie der Geisteskrankheit zu erweitern. Tatsächlich ist die Todesverleugnung in dieser Kultur teilweise eine erhebliche Ausweitung der Kategorie Krankheit als solcher.

Krankheit expandiert mit Hilfe zweier Hypothesen. Die erste lautet, daß sich jegliche Form der sozialen Abweichung als Krankheit betrachten läßt. So sollen Kriminelle, wenn das kriminelle Verhalten als Krankheit betrachtet werden kann, nicht verurteilt oder bestraft, sondern verstanden (wie ein Arzt versteht), behandelt, geheilt werden.* Die zweite lautet, daß jede Krankheit psychologisch betrachtet werden kann. Krankheit wird als im Grunde psychologisches Ereignis interpretiert, und die Menschen werden ermuntert zu glauben, daß sie krank werden, weil sie es (unbewußt) wünschen, und daß sie sich durch die Mobilisierung des Willens selbst heilen können; daß sie wählen können, an dieser Krankheit nicht zu sterben. Diese zwei Hypothesen sind komplementär. Wie die erste die

* Eine frühe Äußerung dieser Anschauung, die sich heute so sehr in der Defensive befindet, gibt es in Samuel Butlers *Erewhon* (1872). Butlers Methode klarzumachen, daß Kriminalität wie Tb eine Krankheit sei, die weder erblich noch Ergebnis einer ungesunden Umgebung ist, bestand darin, die Absurdität einer Verurteilung der Kranken vor Augen zu halten. In *Erewhon* werden diejenigen, die gemordet oder gestohlen haben, verständnisvoll als kranke Menschen behandelt, während die Tuberkulose als Verbrechen bestraft wird.

Schuld zu mindern scheint, so setzt die zweite sie wieder in ihre Rechte ein. Psychologische Krankheitstheorien sind machtvolle Instrumente, um die Schande auf die Kranken abzuwälzen. Patienten, die darüber belehrt werden, daß sie ihre Krankheit unwissentlich selbst verursacht haben, läßt man zugleich fühlen, daß sie sie verdient haben.

8

Strafende Auffassungen von Krankheit haben eine lange Geschichte, und in bezug auf den Krebs sind solche Anschauungen besonders lebendig. Es gibt den »Kampf« oder »Kreuzzug« gegen den Krebs; der Krebs ist die »todbringende« Krankheit; Menschen, die Krebs haben, sind »Krebsopfer«. Ganz offensichtlich ist die Krankheit die Angeklagte. Doch auch der Krebspatient wird für schuldig erklärt. Weit verbreitete psychologische Krankheitstheorien sprechen dem glücklosen Kranken letztlich die Verantwortung sowohl für die Erkrankung als auch für die Gesundung zu. Und die Sitte, Krebs nicht als eine bloße Krankheit zu behandeln, sondern als einen dämonischen Feind, macht Krebs nicht nur zu einer tödlichen Krankheit, sondern auch zu einer schändlichen.

Die Lepra erregte auf dem Höhepunkt ihrer Verbreitung ein ähnlich unangemessenes Gefühl des Grauens. Im Mittelalter war die Lepra ein sozialer Text, worin die Verderbnis sichtbar wurde. Ein Exempel, ein Emblem des Verfalls. Nichts ist strafender, als einer Krankheit eine Bedeutung zu verleihen – da diese Bedeutung unausweichlich eine moralische ist. Jegliche gewichtige Krankheit, deren Kausalität im Dunkel liegt und deren Behandlung wirkungslos ist, wird tendenziell mit Bedeutsamkeit aufgeblasen. Zunächst einmal werden die Gegenstände der tiefsten Furcht (Fäulnis, Verfall, Beschmutzung, Regellosigkeit, Schwäche) mit der Krankheit identifiziert. Die Krankheit selbst wird zur Metapher. Dann wird im Namen der Krankheit (d. h. indem man sie als Metapher gebraucht) dieses Entsetzen auf andere Dinge übertragen. Die Krankheit wird adjektivisch. Man sagt von etwas, es sei krankhaft, und meint damit, daß es abstoßend oder häßlich ist. Im Französischen ist eine verwitternde Steinfassade immer noch *lépreuse*.

Epidemische Krankheiten waren ein übliches Bild für gesellschaftliche Unordnung. Von Pestilenz (Beulenpest) kam »pestilent«, dessen figurative Bedeutung dem Oxford *English Dictionary* zufolge »beleidigend für Religion, Sitte oder öffentlichen Frieden – 1513« ist, und »pestilential« bedeutet »moralisch verwerflich oder verderblich – 1531«. Gefühle in bezug auf das Böse werden auf eine Krankheit projiziert. Und die Krankheit wird (solchermaßen mit Bedeutungen aufgeladen) auf die Welt projiziert.

In der Vergangenheit wurden solche bombastischen Phantasien regelmäßig an epidemische Krankheiten geknüpft, an Krankheiten, die ein kollektives Unglück waren. In den letzten zwei Jahrhunderten waren die Krankheiten, die am meisten als Metaphern für das Böse verwendet wurden – Syphilis, Tuberkulose und Krebs –, alles Krankheiten, von denen man meinte, daß sie in besonderem Maße Krankheiten von Individuen seien.

Syphilis galt nicht nur als schreckliche Krankheit, sondern auch als erniedrigende, vulgäre. Antidemokraten benutzten sie, um die Entweihungen eines egalitären Zeitalters zu beschwören. Baudelaire schrieb in einer Notiz für sein unvollendet gebliebenes Buch über Belgien: »Wir alle haben republikanischen Geist in unseren Adern wie die Syphilis in unseren Knochen – wir sind demokratisiert und infiziert.« Im Sinne einer Infektion, die moralisch korrumpiert und physisch schwächt, sollte die Syphilis im späten 19. und frühen 20. Jahrhundert ein Gemeinplatz der antisemitischen Polemik werden. Im Jahre 1933 behauptete Wilhelm Reich, die »irrationale Syphilisangst [sei] eine der Hauptquellen der politischen Anschauungen des Nationalsozialismus und seines Antisemitismus [gewesen]«. Aber obwohl er sah, daß da sexuelle und politische Phobien in Form des greulichen Herumreitens auf der Syphilis in *Mein Kampf* auf eine Krankheit projiziert wurden, ging Reich doch nie auf, wieviel an seinem eigenen beständigen Gebrauch von Krebs als Metapher für die Gebrechen der modernen Zeit Projektion war. Tatsächlich läßt der Krebs als Metapher sich weit mehr strapazieren als Syphilis.

Die Syphilis war als Metapher begrenzt, weil die Krankheit selbst nicht als mysteriös galt, sondern nur als schrecklich. Ein schändliches Erbe (Ibsens *Gespenster*), die Risiken des Sex (Charles-Louis Philippes *Bubu de Montparnasse*, Manns *Dr. Faustus*) – Syphilis war mit reichlich viel Entsetzen verbunden. Ein Rätsel gab es jedoch nicht. Ihre Ursache war klar und wurde als einzigartig aufgefaßt. Die Syphilis war das grausamste aller Geschenke, »weitergegeben« oder »übertragen« von einem bisweilen unwissenden Spender an den ahnungslosen Empfänger. Im Gegensatz dazu wurde Tb als mysteriöse, geheimnisvolle Heimsuchung und als Krankheit mit zahllosen Ursachen angesehen – so wie man sich heute, wo jeder doch zugibt, daß Krebs ein ungelöstes Rätsel ist, generell darüber einig ist, daß Krebs vielfach determiniert sei. Eine Reihe von Faktoren – wie krebsverursachende (»karzinogene«) Substanzen in der Umwelt, genetisch bedingte Anfälligkeit, Abnahme der immunisierenden Kräfte (durch vorangegangene Krankheiten oder traumatische Gefühlserlebnisse), charakterliche Prädisposition – wird für die Krankheit verantwortlich gemacht. Und viele Forscher versichern, Krebs sei nicht *eine,* sondern mehr als hundert klinisch verschiedene Krankheiten, jeder Krebs müsse für sich studiert werden, und was am Ende entwickelt werde, sei ein ganzes Aufgebot von Behandlungen, für jede Art von Krebs eine andere.

Die Ähnlichkeit von heute geläufigen Vorstellungen über die zahllosen Ursachen von Krebs mit den lange aufrechterhaltenen, heute aber in Mißkredit geratenen Anschauungen über Tb läßt auf die Möglichkeit schließen, daß Krebs letztlich *eine* Krankheit ist und daß diese sich, wie es bei Tb der Fall war, als Krankheit herausstellt, die eine Hauptursache hat und durch ein einziges Behandlungsprogramm unter Kontrolle zu bringen ist. Tatsächlich haben sich, wie Lewis Thomas bemerkt hat, alle Krankheiten, deren Ursache geklärt wurde und die verhindert und geheilt werden können, als Krankheiten herausgestellt, die eine schlichte physische Ursache haben – wie die Pneumokokken für Pneumonie, der Tuberkelbazillus für Tuberkulose, eine einzige Vitamindefizienz für Pellagra, und es ist ganz und gar nicht unwahrscheinlich, daß man schließlich irgend etwas Vergleichbares für den Krebs isolieren wird. Die Auffassung, daß eine Krankheit nur durch eine Vielzahl von Ursachen erklärbar sei, ist ganz charakteristisch für die Ansichten über Krankheiten, deren Verursachung nicht verstanden wird. Und es sind die Krankheiten, die als vielfach determiniert (d. h. mysteriös) gelten, die als Metaphern für das, was als gesellschaftlich oder moralisch falsch empfunden wird, die größten Möglichkeiten haben.

Tuberkulose und Krebs sind nicht nur benutzt worden, um (wie die Syphilis) rohe Phantasien über die Ansteckung, sondern auch um recht komplexe Empfindungen in bezug auf Kraft und Schwäche und auf Energie zum Ausdruck zu bringen. Mehr als anderthalb Jahrhunderte lang lieferte die Tuberkulose ein metaphorisches Äquivalent für Zartheit, Sensibilität, Traurigkeit, Kraftlosigkeit; während alles, was unbarmherzig, unversöhnlich und habgierig aussah, mit Krebs gleichgesetzt werden konnte. (So bemerkte Baudelaire 1852 in seinem Essay *»E'École païenne«*: »Eine frenetische Kunstleidenschaft ist ein Krebs, der den Rest verschlingt ...«) Tb war eine ambivalente Metapher, Geißel und Emblem der Vornehmheit zugleich. Krebs wurde niemals anders denn als Geißel gesehen; er war, metaphorisch gesprochen, der innere Barbar.

Während man von Syphilis dachte, daß man sie sich passiv zuzog, ein gänzlich unfreiwilliges Desaster, wurde Tb einst und wird Krebs heute für eine Pathologie der Energie, eine Erkrankung des Willens gehalten. An beide Krankheiten knüpft sich die Sorge um die Energie und das Gefühl, knüpfen sich Befürchtungen über die Verheerung, die sie anrichten. Daß jemand Tb bekam, wurde als Zeichen einer unzulänglichen oder einer fehlgeleiteten Vitalität gedeutet. »Bemerkenswert war der große Mangel an Lebenskraft ..., war die große konstitutionelle Schwäche ...« – so beschrieb Dickens den kleinen Paul in *Dombey and Son*. Die viktorianische Vorstellung von Tb als einer Krankheit infolge geringer Energie (und erhöhter Sensibilität) hat ihre genaue Entsprechung in der Reichschen Vorstellung vom Krebs als einer Erkrankung infolge unausgedrückter Energie und anästhesierter Empfindungen. In einer Zeit, in der es für einen produktiven Menschen keine Hemmungen zu geben schien, waren die Menschen besorgt, nicht genug Energie zu haben. In unserer eigenen Zeit der zerstörerischen Überproduktion auf wirtschaftlichem Sektor und der wachsenden bürokratischen Restriktionen gegenüber dem Individuum gibt es sowohl die Angst, zuviel Energie zu haben, als auch die Befürchtung, daß es der Energie nicht erlaubt werden könnte, sich Ausdruck zu verschaffen.

Wie Freuds mangelökonomische Theorie der »Triebe«, sind die Phantasien über Tb, die im letzten Jahrhundert entstanden sind (und die sich weit bis in unseres hinein gehalten haben) ein Nachhall der mit der frühkapitalistischen Akkumulation verbundenen Verhaltensweisen. Man hat eine begrenzte Energiemenge, die in angemessener Weise verbraucht werden muß. (Im englischen Slang des 19. Jahrhunderts hieß »einen Orgasmus haben« nicht »kommen«, sondern »ausgeben«). Die Energie kann wie Ersparnisse erschöpft werden, kann ausgehen oder durch rücksichtsloses Ausgeben aufgebraucht werden. Der Körper wird beginnen, sich selbst »aufzuzehren«, der Patient wird »schwinden«.

Die Sprache zur Beschreibung von Krebs evoziert eine andersartige ökonomische Katastrophe: die des nichtregulierten, abnormen, zusammenhanglosen Wachstums. Der Tumor besitzt Energie, nicht der Patient; »er« ist außer Kontrolle. Krebszellen sind, wenn man der Darstellung von Lehrbüchern folgt, Zellen, die den Mechanismus, der das Wachstum »zügelt«, außer Kraft setzen. (Das Wachstum normaler Zellen ist »selbstbeschränkend«, dank einem Mechanismus, der »Kontaktunterdrückung« genannt wird). Als Zellen ohne Hemmungen wachsen die Krebszellen unaufhörlich und überwuchern einander in »chaotischer« Weise, zerstören dabei die normalen Zellen des Körpers, seine Architektur und seine Funktionen.

Der Frühkapitalismus geht von der Notwendigkeit geregelten Ausgebens, Sparens, Haushaltens, von Disziplin aus – eine Ökonomie, die auf der rationalen Beschränkung der Begierde beruht. Tb wird in Bildern beschrieben, die das negative Verhalten des *homo oeconomicus* des 19. Jahrhunderts zusammenfassen: Auszehrung; Schwinden; Verschwendung von Vitalität. Der fortgeschrittene Kapitalismus verlangt Expansion. Spekulation, die Schaffung neuer Bedürfnisse (das Problem der Befriedigung und Nichtbefriedigung), den Kauf von Kredit, Mobilität – eine Ökonomie, die auf der irrationalen Ungeduld der Begierde beruht. Krebs wird in Bildern beschrieben, die das negative Verhalten des *homo oeconomicus* des 20. Jahrhunderts zusammenfassen: abnormes Wachstum; Energieunterdrückung, d. h. Weigerung, zu konsumieren oder auszugeben.

Tb wurde wie Wahnsinn als eine Form von Einseitigkeit aufgefaßt: ein Versagen des Willens oder eine Überintensität. So sehr die Krankheit auch gefürchtet wurde, Tb besaß stets Pathos. Wie der geistesgestörte Patient heute, so galt der Tuberkulosekranke als jemand, der im Kern verletzlich war und voller selbstzerstörerischer Launen. Die Ärzte des 19. und 20. Jahrhunderts waren darum bemüht, ihren Tuberkulosepatienten gut zuzureden, um sie dadurch wieder gesund zu machen. Ihr Rezept war das gleiche wie das aufgeklärte, das heute den geistesgestörten Patienten verschrieben wird: eine heitere Umgebung, Fernhalten vom Streß und von der Familie, gesunde Kost, Bewegung, Ruhe.

Das Krebsverständnis stützt ganz andere, zugegebenermaßen brutale Auffassungen von Behandlung. (Ein üblicher Scherz in Krebskrankenhäusern, den man von Ärzten ebenso oft hören kann wie von Patienten, lautet: »Die Behandlung ist schlimmer als die Krankheit.«) Davon, daß der Patient verzärtelt werden könnte, kann keine Rede sein. Wenn man einmal davon ausgeht, daß der Körper des Patienten von einem Angriff (einer »Invasion«) bedroht wird, kann die einzige Behandlung nur in einem Gegenangriff bestehen.

Die kontrollierenden Metaphern in den Beschreibungen von Krebs sind tatsächlich nicht der Ökonomie entlehnt, sondern der Sprache der Kriegführung: Jeder Arzt und jeder bemühte Patient ist mit dieser militärischen Terminologie vertraut, wenn nicht schon dagegen abgestumpft. So vervielfachen Krebszellen sich nicht einfach, sie sind »invasorisch«. (»Bösartige Tumore sind selbst dann invasorisch, wenn sie sehr langsam wachsen«, wie ein Lehrbuch es darstellt.) Krebszellen bilden von dem ursprünglichen Tumor aus in entfernten Gegenden des Körpers »Kolonien«, indem sie zunächst winzige Stützpunkte (»Mikrometastasen«) gründen, deren Gegenwart angenommen wird, obgleich sie nicht entdeckt werden können. Selten sind die »Abwehrkräfte« des Körpers stark genug, um einen Tumor des Körpers auszuräumen, der sich eine eigene Blutversorgung eingerichtet hat und aus Billionen destruktiver Zellen besteht. Wie »radikal« der chirurgische Eingriff sein mag, wieviel »Radarbilder« von der Körperlandschaft auch hergestellt werden mögen, zu einem Stillstand kommt es meistens nur vorübergehend; die normale Aussicht ist, daß die »Geschwulstinvasion« andauern wird oder daß versprengte Zellen sich allmählich neu gruppieren und einen weiteren Angriff auf den Organismus aufbauen.

Die Behandlung hat ebenfalls einen militärischen Beigeschmack. Die Strahlentherapie benutzt die Metaphern des Luftkriegs; die Patienten werden mit toxischen Strahlen »beschossen«, und die Chemotherapie ist chemische Kriegführung, bei der Gifte eingesetzt werden.* Die Behandlung zielt darauf ab, die Krebszellen zu »töten« (ohne, so hofft man, den Patienten umzubringen). Unerfreuliche Nebeneffekte der Behandlung werden angekündigt, wirklich mehr als angekündigt. (Die »Qual der Chemotherapie« ist eine stehende Redensart.) Es läßt sich unmöglich vermeiden, daß gesunde Zellen beschädigt oder zerstört werden (tatsächlich können einige Methoden, die zur Krebsbehandlung eingesetzt werden, Krebs verursachen), doch steht man auf dem Standpunkt, daß nahezu jeglicher Körperschaden gerechtfertigt ist, wenn nur das Leben des Patienten gerettet wird. Oft funktioniert das natürlich nicht. (Wie etwa in dem Falle: »Wir mußten Ben Suc zerstören, um es zu retten.«) Es gibt alles, nur keine Verlustlisten.

Die militärische Metapher kam in der Medizin in den 1880er Jahren zum ersten Mal in allgemeinen Gebrauch, als man anfing, die Bakterien als Krankheitserreger zu identifizieren. Von den Bakte-

* Medikamente vom Typ Stickstofflost (sogenannte alkylierende Reagenzien) – wie Cyclophosphamid (Cytoxan) – waren die erste Generation von Krebsmedikamenten. Ihre Anwendung – erst bei Leukämie (die durch eine exzessive Produktion unreifer weißer Zeilen gekennzeichnet ist), dann bei anderen Krebsformen – empfahl sich infolge eines versehentlichen Experiments mit der chemischen Waffe gegen Ende des Zweiten Weltkrieges, als ein amerikanisches Schiff, das mit Stickstofflost beladen war, im Hafen von Neapel in die Luft ging und viele der Seeleute eher an ihrer tödlich niedrigen Leukozyten- und Trombozytenzahl starben (d. h. an Knochenmarkvergiftung) als an Verbrennungen oder an der Einnahme von Seewasser. Chemotherapie und Waffenkunde scheinen zusammen zu gehen, und sei es nur als Phantasie. Der erste moderne chemotherapeutische Erfolg betraf die Syphilis: 1910 führte Paul Ehrlich ein Arsenderivat, Arsphenamin (Salvarsan), ein, das man »die magische Kugel« nannte.

rien hieß es, sie seien »Invasoren« oder »sickerten ein«. Die Rede von Belagerung und Krieg, wenn es sich um die Beschreibung einer Krankheit handelt, hat heute beim Krebs eine auffallende Wörtlichkeit und Autorität. Nicht nur, daß der klinische Krankheitsverlauf und seine medizinische Behandlung auf diese Weise beschrieben werden, die Krankheit selbst stellt man sich als den Feind vor, gegen den die Gesellschaft Krieg führt. Vor kurzem noch hörte der Kampf gegen Krebs sich nach einem Kolonialkrieg an – mit vergleichbar großen Aufwendungen an Regierungsgeldern –, und in einer Dekade, wo Kolonialkriege nicht allzu gut verlaufen sind, scheint diese militarisierte Rhetorik nach hinten loszugehen. Der Pessimismus unter den Ärzten über die Wirksamkeit der Behandlung wächst trotz der spürbaren Fortschritte auf dem Gebiet der Chemotherapie und der Immuntherapie, die seit 1970 gemacht worden sind. Berichterstatter, die für »den Krieg gegen Krebs« zuständig sind, mahnen das Publikum häufig, zwischen offiziellen Fiktionen und harten Fakten zu unterscheiden; vor ein paar Jahren fand ein wissenschaftlicher Autor, daß die Verlautbarungen der American Cancer Society, Krebs sei heilbar und Fortschritte seien erzielt worden, an den »Vietnamoptimismus vor der Sintflut« erinnerten. Es ist jedoch eine Sache, daß man skeptisch in bezug auf die Rhetorik ist, die Krebs umgibt, und eine andere, daß man den vielen uninformierten Ärzten, die darauf bestehen, daß kein ernstzunehmender Fortschritt hinsichtlich der Behandlung gemacht worden und Krebs letztlich nicht heilbar sei, zu Hilfe kommt. Die abgedroschenen Redensarten des amerikanischen Krebs-Establishments, das unermüdlich den unmittelbar bevorstehenden Sieg über den Krebs bejubelt, und der professionelle Pessimismus einer großen Zahl von Krebsspezialisten, die wie kriegsmüde Offiziere sprechen, die in einem nicht enden wollenden Kolonialkrieg versackt sind – sie bilden das Zwillingspaar der Verzerrungen innerhalb dieser militärischen Rhetorik in bezug auf Krebs.

Weitere Verzerrungen ergeben sich mit der Ausweitung der Krebsbilder zu grandioseren Entwürfen der Kriegführung. Wie man sich Tb als die Vergeistigung des Bewußtseins vorstellte, so wird Krebs als die Überwältigung oder Auslöschung des Bewußtseins (durch ein bewußtloses Es) verstanden. Bei Tb zehrt man sich selbst auf, dringt man verfeinert, wie man ist, zum wahren Kern, zum wahren Selbst vor. Bei Krebs vervielfältigen sich nicht-intelligente (»primitive«, »embryonale«, »atavistische«) Zellen, und man wird durch das Nicht-Selbst ersetzt. Immunologen klassifizieren die Krebszellen des Körpers als »Nicht-Selbst«.

Es ist nicht unwichtig, darauf hinzuweisen, daß Reich, der mehr als irgend jemand sonst dafür getan hat, die psychologische Krebstheorie zu verbreiten, ebenfalls etwas gefunden hat, das in der Biosphäre ein Äquivalent von Krebs darstellt: »Es gibt eine tödliche Orgonenergie. Sie ist in der Atmosphäre. Man kann sie mit Hilfe solcher Geräte wie dem Geigerzähler nachweisen. Es ist eine sumpfige Eigenschaft … Stagnierendes, tödliches Wasser, das nicht fließt, sich nicht verwandelt. Auch der Krebs ist auf die Stagnation des Stroms der Lebensenergie im Organismus zurückzuführen.« Reichs Sprache hat ihre eigene unnachahmliche Kohärenz. Und mehr und mehr – in dem Maße, wie seine metaphorischen Verwendungen an Glaubwürdigkeit gewinnen – wird von Krebs angenommen, daß er das sei, was Reich von ihm dachte: eine kosmische Krankheit, Emblem sämtlicher destruktiven, fremden Mächte, die der Organismus beherbergt.

Wie Tb die Krankheit des kranken Selbst war, so ist Krebs die Krankheit des Anderen. Krebs entwickelt sich anhand eines Science-fiction-Szenarios: eine Invasion von »fremden« oder »mutanten« Zellen, die stärker sind als normale Zellen *(Invasion of the Body Snatchers, The Incredible Shrinking, Man, The Blob, The Thing).* Ein Standardmotiv der Science-fiction ist die Mutation, d. h., entweder kommen Mutanten aus dem Weltraum, oder es geschehen zufällige Mutationen unter den Menschenwesen. Krebs könnte als eine triumphale Mutation beschrieben werden, und Mutation ist heute hauptsächlich ein Bild für Krebs. Als eine Theorie der psychologischen Genese von Krebs ist das Reichsche Bild von der Energie, die gehemmt wird und nicht nach außen dringen darf, sich dann gegen sich selbst wendet und Zellen wild werden läßt, bereits Stoff der Science-fiction. Und Reichs Bild vom Tod in der Luft – von der tödlichen Energie, die sich auf einem Geigerzähler niederschlägt – vermittelt eine Ahnung davon, wie sehr die Science-fiction Bilder in bezug auf Krebs (eine Krankheit, die von tödlichen Strahlen herrührt und durch tödliche Strahlen behandelt wird) ein Widerhall des kollektiven Alptraums sind. Die ursprüngliche Angst vor dem Ausgeliefertsein an atomare Strahlungen bezog sich auf genetische Deformationen bei der nächsten Generation; sie wurde durch eine andere Angst abgelöst, als die Statistiken zu zeigen begannen, um wie vieles höher die Krebsraten bei Überlebenden von Hiroshima und Nagasaki und deren Nachkommen sind.

Krebs ist eine Metapher für das, was in hemmungsloser Weise energiegeladen ist; und diese Energien stellen die schlimmste Kränkung der natürlichen Ordnung dar. In einer Science-fiction-Erzählung von Tommaso Landolfi heißt das Raumschiff »Krebskönigin«. (Es liegt kaum im Bereich der Tuberkulose-Metapher, daß ein Schriftsteller sich ein kühnes Schiff namens »Schwindsuchtkönigin« hätte ausdenken können.) Wenn Krebs nicht als etwas Psychologisches wegerklärt wird, als etwas, das in den Abgründen der Persönlichkeit begraben ist, wird er aufgebauscht und in eine Metapher für den größten Feind, das fernste Ziel projiziert. So war Nixons Einsatz, mit dem er es gegen Kennedys Versprechen, die Amerikaner auf den Mond zu bringen, aufnehmen wollte, passenderweise das Versprechen, den Krebs zu »erobern«. Beides waren Science-fiction-Wagnisse. Das Äquivalent zu der Gesetzesmaßnahme, die das Raumflugprogramm etablierte, war der National Cancer Act von 1971, das sich nicht die naheliegenden Entscheidungen vornahm, mit deren Hilfe man die Industriewirtschaft unter Kontrolle bringen könnte, die für die Verschmutzung sorgt – sondern nur das größte Ziel: die Heilung.

Tb war eine Krankheit im Dienste einer romantischen Weltanschauung. Krebs steht heute im Dienste einer simplifizierten Weltsicht, die paranoisch werden kann. Die Krankheit wird oft als eine Form dämonischer Besessenheit erfahren – Tumore sind »bösartig« oder »gutartig« wie Kräfte –, und viele erschreckte Krebspatienten fühlen sich gehalten, Wunderdoktoren aufzusuchen, um sich exorzisieren zu lassen. Die organisierte Unterstützung gefährlicher Geheimmittel wie Lactrile kommt in der Hauptsache von rechtsextremen Gruppen, für deren paranoische Politik die Phantasie von einem Wunderheilmittel gegen Krebs im Verein mit dem Glauben an Ufos eine dienliche Ergänzung ist. (Die John Birch Society vertreibt einen 45-Minuten-Film mit dem Titel *Welt ohne Krebs*.) Für die etwas Anspruchsvolleren bedeutet Krebs den Aufstand der zerstörten Ökosphäre: Die Natur nimmt Rache an einer verderbten, technokratischen Welt. Falsche Hoffnungen und vereinfachte Befürchtungen werden durch grobe Statistiken hervorgerufen, die man der allgemeinen Öffentlichkeit unterbreitet, etwa die, daß 90 % aller Krebserkrankungen »durch die Umwelt« verursacht werden, oder daß eine unvernünftige Kost und das Rauchen allein für 75 % aller Krebstode zuständig seien. Zur Untermauerung dieses Zahlenspiels (es ist schwer, sich irgend etwas vorzustellen, das eine Statistik über »alle Krebskranken« oder »alle Krebstode« rechtfertigen könnte) hat sich eine wachsende Anzahl von Produkten, die für uns selbstverständlich sind, als krebsverursachend herausgestellt: Zigaretten, Haarfärbemittel, Speck, Sacharin, hormongefüttertes Geflügel, Pestizide, schwefelarme Kohle. Röntgenstrahlen verursachen Krebs (die Behandlung, die zur Heilung führen soll, tötet); dasselbe trifft auf die Ausstrahlungen des Fernsehens und die Mikrowellenherde und das fluoreszierende Zifferblatt zu. Wie im Falle der Syphilis kann eine unschuldige oder triviale Handlung – oder ein Sich-Exponieren – in der Gegenwart die gräßlichsten Folgen haben, bis weit in die Zukunft hinein. Ebenso ist bekannt, daß die Krebsrate bei Arbeitern in einer großen Zahl industrieller Berufe hoch ist. Obwohl die exakten Verursachungsprozesse, die hinter der Statistik liegen, unbekannt bleiben, scheint klar zu sein, daß viele Krebsarten zu verhindern sind. Krebs ist jedoch nicht nur einfach eine Krankheit, der die industrielle Revolution den Weg bereitet hat (auch in Arkadien gab es Krebs), und gewiß mehr als die Sünde des Kapitalismus (im Rahmen ihrer eingeschränkteren industriellen Kapazitäten verursachen die Russen mehr Umweltverschmutzung, als wir das tun). Die weitverbreitete übliche Ansicht von Krebs als einer Krankheit der industriellen Zivilisation ist wissenschaftlich ebenso unvernünftig wie die rechtsextreme Phantasie von einer »Welt ohne Krebs« (von einer Welt ohne Subversive). Beide beruhen auf der irrigen Meinung, daß Krebs eine entschieden »moderne« Krankheit sei.

Die mittelalterliche Erfahrung der Pest war fest an Anschauungen von der sittlichen Verunreinigung geknüpft, und die Menschen hielten unvermeidlich nach einem Sündenbock Ausschau, der außerhalb der geplagten Gemeinschaft stand. (Im von der Pest heimgesuchten Europa der Jahre 1347/48 fanden überall Judenmassaker in bis dahin unbekanntem Ausmaß statt und hörten dann sofort wieder auf, als die Pest zurückging.)

Bei den modernen Krankheiten läßt sich der Sündenbock nicht so einfach vom Patienten trennen. So sehr diese Krankheiten aber individualisieren, sie übernehmen doch einige der Metaphern für epidemische Krankheiten. (Krankheiten, die als einfach epidemisch verstanden werden, sind als Metaphern weniger gebräuchlich geworden, wie die nahezu totale historische Amnesie bezeugt, was die Influenzaepidemie von 1918/1919 betrifft, bei der mehr Menschen starben als in den vier Jahren des Ersten Weltkrieges.) Gegenwärtig ist es ebensosehr ein Klischee zu sagen, Krebs sei durch »Umwelteinflüsse« verursacht, wie es ein Klischee war – und noch ist – zu sagen, er werde durch fehlgeleitete Emotionen verursacht. Tb wurde mit Verschmutzung assoziiert (Florence Nightingale dachte, »sie [werde] durch die üble Luft in den Häusern induziert«), und Krebs gilt heute als eine Krankheit infolge der Vergiftung der ganzen Welt. Tb war die »weiße Pest«. Mit dem Gewahrwerden der Umweltverschmutzung begannen die Menschen zu sagen, daß es eine »Epidemie« oder »Pest« namens Krebs gebe.

9

Krankheiten sind immer schon als Metaphern benutzt worden, um den Vorwurf, eine Gesellschaft sei korrupt oder ungerecht, zu beleben. Traditionelle Krankheitsmetaphern sind prinzipiell ein Mittel, vehement zu sein; verglichen mit den modernen Metaphern sind sie relativ inhaltslos. Shakespeare liefert viele Variationen einer Standardform der Metapher, der Infektion des »Staatswesen«, und macht dabei keine Unterscheidung zwischen einer Seuche, einer Ansteckung, einer wunden Stelle, einem Abszeß, einem Geschwür und dem, was wir Tumor nennen würden. Zu Zwecken der Beleidigung werden nur zwei Typen von Krankheit angeführt: die schmerzliche, aber heilbare und die möglicherweise tödliche. Besondere Krankheiten figurieren als Beispiele für Krankheiten im allgemeinen; keine Krankheit hat ihre eigene distinktive Logik. Die Bildersprache der Krankheiten wird verwendet, um Besorgnis über die gesellschaftliche Ordnung auszudrücken, und die Gesundheit ist etwas, von dem angenommen wird, daß jedermann darüber Bescheid weiß. Solche Metaphern projizieren nicht die moderne Vorstellung einer besonderen Hauptkrankheit, bei der die Gesundheit selbst zum strittigen Thema wird.

Hauptkrankheiten wie Tb und Krebs sind in einem spezifischeren Sinne polemisch. Sie werden verwendet, um neue, kritische Maßstäbe individueller Gesundheit zu setzen und ein Gefühl der Unzufriedenheit mit der Gesellschaft als solcher auszudrücken. Anders als die elisabethanischen Metaphern – die über irgendeine allgemeine Entgleisung oder ein öffentliches Mißgeschick Klage führen, das als eine Folgeerscheinung auch die Individuen stört – lassen die modernen Metaphern auf eine tiefreichende Gleichgewichtsstörung zwischen Individuum und Gesellschaft schließen, wobei die Gesellschaft als Widerpart des Individuums begriffen wird. Krankheitsmetaphern werden verwendet, um die Gesellschaft nicht als aus dem Gleichgewicht geraten, sondern als repressiv zu verurteilen. Sie tauchen regelmäßig in der romantischen Rhetorik auf, die das Herz dem Kopf, die Spontaneität der Vernunft, die Natur der Künstlichkeit, das Land der Stadt gegenüberstellt.

Als die Reise in ein besseres Klima im frühen 19. Jahrhundert zur Behandlung der Tuberkulose erfunden wurde, wurden die widersprüchlichsten Orte vorgeschlagen. Der Süden, die Berge, Wüsten, Inseln – ihre bloße Vielfalt läßt schon auf ihr Gemeinsames schließen: die Ablehnung der Großstadt. Sobald Alfredo in *La Traviata* Violettas Liebe gewonnen hat, holt er sie weg von dem ungesunden, verderbten Paris in die bekömmliche Landluft: sofortige Gesundheit ist die Folge. Und Violettas Verzicht auf das Glück ist gleichbedeutend mit der Abkehr vom Land und der Rückkehr in die Stadt – wo ihr Schicksal besiegelt ist, ihre Tb wiederkehrt und sie stirbt.

Die Krebsmetapher erweitert das Thema der Ablehnung der Stadt. Ehe sie im wörtlichen Sinne als krebsverursachende (karzinogene) Umwelt verstanden wurde, wurde die Stadt selbst als ein Krebs angesehen – ein Platz abnormen, unnatürlichen Wachstums. In *The Living City* (1958) verglich Frank Lloyd Wright die Stadt früherer Zeiten, diesen gesunden Organismus (»Die Stadt war damals nicht bösartig«), mit der modernen Stadt. »Die in Planquadrate aufgeteilte Großstadt auf der Karte anzuschauen, ist wie ein Blick auf den Querschnitt eines Gewebetumors.«*

Im Verlauf des 19. Jahrhunderts werden die Krankheitsmetaphern virulenter, unsinniger, demagogischer. Und es besteht in zunehmendem Maße die Neigung, jegliche Situation, die man mißbilligt, als Krankheit zu bezeichnen. Die Krankheit, die ebensosehr als Teil der Natur angesehen werden könnte wie die Gesundheit, wurde zum Synonym all dessen, was »unnatürlich« war. In *Die Elenden* schrieb Hugo: »Der Monastizismus, wie er in Spanien existierte und wie er in Tibet noch existiert, ist für die Zivilisation eine Art Tuberkulose. Er kappt die Beziehungen zum Leben. Ganz einfach gesagt, er entvölkert. Einsperrung, Kastration. Er war eine Geißel in Europa.«

Bichat definierte das Leben im Jahre 1800 als »die Gesamtheit der Funktionen, die dem Tode Widerstand leisten«. Dieser Gegensatz zwischen Leben und Tod sollte dann auf einen Gegensatz zwischen Leben und Krankheit übertragen werden. Die Krankheit (die nun mit dem Tod gleichgesetzt wird) ist das, was dem Leben entgegensteht.

* Der Soziologe Herbert Gans hat mich auf die Bedeutung der Tuberkulose und die angebliche oder reale Bedrohung dieser Krankheit in den Slum-Sanierungs- und »Modellwohnungs«-Bewegungen des späten 19. und frühen 20. Jahrhunderts aufmerksam gemacht, darauf, daß man damals das Gefühl hatte, Slum-Wohnungen »brüteten« Tb aus. Der Übergang von Tb zu Krebs in der Planungs- und Wohnungsbaurhetorik hat in den 50er Jahren stattgefunden. »Blight« (ein virtuelles Synonym für Slum) wird als Krebs angesehen, der sich heimtückisch ausbreitet, und der Gebrauch des Terminus »Invasion« zur Beschreibung der Tatsache, daß Nicht-Weiße und Arme in eine Mittelstandsnachbarschaft ziehen, ist eine Metapher, die ebensosehr dem Krebs wie dem Militärwesen entlehnt ist: die beiden Diskurse überschneiden sich.

Im Jahre 1916 kritisierte Gramsci in *Sozialismus und Kultur* scharf die »Denkgewohnheit, daß Kultur enzyklopädisches Wissen sei ... Diese Form von Kultur dient dazu, jenen blassen und geistig gebrochenen Intellektualismus zu schaffen ..., der eine ganze Schar von Prahlern und Tagträumern hervorgebracht hat, die einem gesunden gesellschaftlichen Leben abträglicher sind als Tuberkulose oder Syphilis-Mikroben der Schönheit und Gesundheit des Körpers ...«

Mandelstam zollte Pasternak im Jahre 1919 folgenden Tribut: »Pasternaks Verse lesen, das ist fast wie sich räuspern, seine Atmung stärken, die Lungen füllen; solche Poesie muß gesund sein, eine Kur gegen Tuberkulose. Keine Poesie ist gesünder in der gegenwärtigen Zeit. Es ist, als trinke man *koumiss* nach amerikanischer Dosenmilch.« Und Marinetti bei seiner Kritik am Kommunismus von 1920: »Der Kommunismus ist die Verschärfung der bürokratischen Krebskrankheit, die stets jede Menschlichkeit aufgezehrt hat. Ein deutscher Krebs, ein Produkt der charakteristischen deutschen Umständlichkeit. Jede Art von pedantischer Vorbereitung ist antihuman ...«

Im Hinblick auf denselben Frevel attackieren der präfaschistische italienische Autor den Kommunismus und der spätere Gründer der italienischen kommunistischen Partei eine bestimmte bürgerliche Vorstellung von Kultur (»wirklich schädlich, besonders für das Proletariat«, sagt Gramsci) deshalb, weil sie, künstlich, pedantisch, rigide, leblos sei. Sowohl Tb als auch Krebs sind regelmäßig angeführt worden, um repressive Praktiken und Ideale zu verurteilen, wobei man sich die Unterdrückung als von einer Umwelt ausgehend vorstellte, die einem entweder die Kraft raubte (Tb) oder aber die Flexibilität und die Spontaneität (Krebs). Die modernen Krankheitsmetaphern spezifizieren ein Ideal gesellschaftlichen Wohlergehens in Analogie zur physischen Gesundheit, das ebenso häufig antipolitisch ist wie der Ruf nach einer neuen politischen Ordnung.

Ordnung ist das älteste Anliegen der Staatsphilosophie, und wenn es einleuchtend ist, die Polis mit einem Organismus zu vergleichen, dann ist es ebenso einleuchtend, Störungen innerhalb des Staatswesens mit einer Krankheit zu vergleichen. Die klassischen Formulierungen, die die politische Unordnung mit einer Krankheit gleichsetzen, gehen – von Plato bis zu, sagen wir, Hobbes – von der klassischen medizinischen (und politischen) Idee des Gleichgewichts aus. Krankheit kommt von mangelndem Gleichgewicht. Die Behandlung ist darauf abgestellt, das richtige Gleichgewicht wiederherzustellen – politisch gesprochen, die richtige hierarchische Ordnung. Die Prognose ist im Prinzip stets optimistisch. Die Gesellschaft holt sich erklärtermaßen niemals eine tödliche Krankheit.

Wenn bei Machiavelli ein Krankheitsbild benutzt wird, dann beruht es auf der Voraussetzung, daß die Krankheit heilbar sei. »Die Schwindsucht«, schrieb er, »ist am Anfang leicht zu heilen und schwer zu verstehen; ist sie jedoch weder rechtzeitig entdeckt noch nach einem angemessenen Grundsatz behandelt worden, wird sie leicht zu verstehen und schwer zu heilen. Dasselbe geschieht nun bei staatlichen Angelegenheiten; wenn man sie aus einer gewissen Entfernung voraussieht, was nur talentierte Männer schaffen, sind die Übel, die aus ihnen erwachsen könnten, bald behoben; läßt man jedoch aus Mangel an Voraussicht zu, daß sie sich so weit auswachsen, daß sie für jedermann wahrnehmbar sind, gibt es keinerlei Hilfsmittel mehr.« Machiavelli führt Tb als eine Krankheit an, deren Fortschreiten unterbunden werden kann, wenn sie in einem frühen Stadium (wenn ihre Symptome kaum sichtbar sind) entdeckt wird. Bei angemessener Voraussicht ist der Verlauf einer Krankheit nicht irreversibel; dasselbe gilt für Störungen innerhalb des Staatswesens. Machiavelli bietet eine Krankheitsmetapher an, die nicht weniger die Gesellschaft als die Staatskunst betrifft (die als eine therapeutische Kunst begriffen wird): Wie Vorsicht vonnöten ist, um ernsthafte Krankheiten zu kontrollieren, so ist Voraussicht vonnöten, um gesellschaftliche Krisen zu kontrollieren. Es ist eine Metapher über und ein Aufruf zur Voraussicht.

Innerhalb der großen Tradition der Staatsphilosophie wird die Analogie zwischen Krankheit und politischer Unordnung aufgestellt, um die Regenten zu einer rationaleren Politik zu ermuntern. »Obwohl nichts unsterblich sein kann, was Sterbliche tun«, schrieb Hobbes, »wenn die Menschen über die Vernunft verfügten, auf die sie Anspruch erheben, könnten ihre Staaten wenigstens vor dem

Untergang infolge innerer Erkrankungen bewahrt werden ... Wenn sie also der Auflösung anheimfallen, nicht infolge von äußerer Gewalt, sondern von innerer Unordnung, dann liegt der Fehler nicht an den Menschen, insofern sie deren *Materie*, sondern insofern sie deren *Macher* und *Lenker* sind.« Hobbes' Anschauung ist alles andere als fatalistisch. Regenten haben die Verantwortung und die Fähigkeit (mit Hilfe der Vernunft), der Unordnung Herr zu werden. Für Hobbes ist der Mord (»äußere Gewalt«) der einzige »natürliche« Weg, auf dem eine Gesellschaft oder Institution sterben kann. An einer inneren Unordnung zugrunde zu gehen – diese wird mit einer Krankheit gleichgesetzt – ist Selbstmord, etwas durchaus Vermeidbares; ein Willensakt oder eher ein Versagen des Willens (d. h. der Vernunft).

Die Krankheitsmetapher wurde innerhalb der Staatsphilosophie verwendet, um den Anspruch auf eine vernünftige Reaktion zu bekräftigen. Machiavelli und Hobbes setzten auf einen Teil der ärztlichen Weisheit, die Bedeutung der frühzeitigen Unterbindung ernsthafter Erkrankungen, in einem Stadium, wo sie relativ leicht zu kontrollieren sind. Die Krankheitsmetapher konnte jedoch auch benutzt werden, um die Regenten zu einer anderen Art von Voraussicht zu ermutigen.

Im Jahre 1708 schrieb Lord Shaftesbury: »Innerhalb der Menschheit gibt es bestimmte Stimmungen, denen man notwendigerweise ihren Lauf lassen muß. Der menschliche Geist ist ebenso wie der Körper natürlicherweise Erschütterungen ausgesetzt ..., da es im Blut seltsame Fermente gibt, die in vielen Körpern gelegentlich eine außerordentliche Entladung hervorrufen ... Wenn Ärzte alles daransetzen, um diese Körperfermente zu beruhigen und sich in die Stimmungen einschalten, die bei solchen Ausbrüchen zum Vorschein kommen, haben sie, statt eine Heilung zu bewirken, statt dessen alle Aussichten, eine Pest auszulösen und einen Frühlingsschauder und eine Herbstmattigkeit in ein epidemisches bösartiges Fieber zu verwandeln. Sie sind genauso schlechte Ärzte wie jene im Staatswesen, die in solche geistigen Ausbrüche durchaus hineinreden wollen und unter dem trügerischen Vorwand, diesen Juckreiz des Aberglaubens zu heilen und die Seelen vor der Ansteckung der Begeisterung zu retten, die ganze Natur in Aufruhr versetzen und ein paar unschuldige Karbunkel in eine Entzündung und einen tödlichen Brand verwandeln würden.« Shaftesbury will darauf hinaus, daß es vernünftig sei, ein gewisses Maß an Unvernunft zu tolerieren (»Aberglauben«, »Begeisterung«), und daß strenge Unterdrückungsmaßnahmen wahrscheinlich die Unordnung verschlimmern, statt sie zu beheben, und einen bloßen Schaden in eine Katastrophe verwandeln. Das Staatswesen sollte nicht übermächtig verarztet, nicht für jede Störung sollte nach einem Medikament gesucht werden.

Für Machiavelli Voraussicht, für Hobbes Vernunft, für Shaftesbury Toleranz – das sind alles Vorstellungen davon, wie eine angemessene Staatskunst, die mit Hilfe einer medizinischen Analogie verstanden wird, eine fatale Unordnung verhindern kann. Die Gesellschaft gilt als grundsätzlich bei guter Gesundheit; Krankheit (Unordnung) ist prinzipiell stets zu bewältigen.

In der modernen Zeit impliziert der Gebrauch von Krankheitsbildern innerhalb der politischen Rhetorik andere, weniger nachsichtige Annahmen. Die moderne Idee der Revolution, die auf der Einschätzung der unablässigen Trostlosigkeit der bestehenden politischen Situation basiert, erschütterte den alten optimistischen Gebrauch von Krankheitsmetaphern. John Adams schreibt im Dezember 1772 in sein Tagebuch: »Ich stehe vor düsteren Aussichten ... Mein Land ist zutiefst elend und hat wenig Grund zur Hoffnung. Der Leib des Volkes scheint erschöpft durch den Kampf, und Käuflichkeit, Servilität und Prostitution nagen und breiten sich aus wie ein Krebs.«

Man begann, politische Ereignisse gemeinhin als beispiellos, als radikal zu definieren, und allmählich wurden sowohl innerstaatliche Unruhen als auch Kriege letztlich als Revolutionen verstanden. Anders als man erwarten konnte, gelangten die Krankheitsmetaphern im modernen Sinn nicht mit der amerikanischen, sondern mit der französischen Revolution – und zwar insbesondere im Zuge der konservativen Reaktion auf die französische Revolution – zur Durchsetzung. In *Reflections on the Revolution in France* (1790) stellte Edmund Burke die älteren Kriege und innerstaatlichen Unruhen dieser einen Unruhe gegenüber, der er einen völlig neuen Charakter zusprach. Vorher »bestanden die Organe … des Staates fort, wenn sie auch zerrüttet waren«, wie immer die Katastrophe ausgesehen haben mag. Doch, und er wandte sich direkt an die Franzosen, »Euer gegenwärtiges Chaos hat, wie eine Lähmung, den Lebensborn selbst angegriffen«.

Wie die klassischen Theorien von der Polis den Weg der Theorien von den vier Körpersäften gegangen sind, so ist die moderne Auffassung von Politik durch eine moderne Krankheitsauffassung vervollständigt worden. Die Krankheit kommt dem Tode gleich. Burke beschwor die Lähmung (»und das lebende Geschwür eines zerfallenden Gedächtnisses«). Die Emphase sollte bald auf Krankheiten liegen, die gräßlich und tödlich sind. Solche Krankheiten lassen sich nicht bewältigen oder behandeln; sie müssen attackiert werden. In *Quatre-vingt-treize* (*Dreiundneunzig* [1874]), Hugos Roman über die französische Revolution, erteilt der Revolutionär Gauvain, der zur Guillotine verurteilt ist, der Revolution Absolution für all ihr Blutvergießen einschließlich seiner eigenen bevorstehenden Exekution, »weil sie ein Sturm ist. Ein Sturm weiß stets, was er tut … Die Zivilisation befand sich im Würgegriff der Pest; dieser Sturmwind bringt die Rettung. Vielleicht ist er nicht wählerisch genug. Kann er anders handeln? Er ist mit der anstrengenden Aufgabe betraut, die Krankheit hinwegzufegen. Angesichts der schrecklichen Infektion verstehe ich die Gewalt des Windstoßes.«

Es ist kaum das letzte Mal, daß revolutionäre Gewalt mit der Begründung gerechtfertigt wird, daß die Gesellschaft eine tiefwurzelnde, schreckliche Krankheit habe. Die Melodramatik der Krankheitsmetapher nimmt im modernen politischen Diskurs einen strafenden Beiklang an: Von Krankheit nicht als Bestrafung, sondern als Zeichen des Bösen, als etwas, das bestraft werden muß, wird gesprochen.

Die modernen totalitären Bewegungen, die rechten ebenso wie die linken, waren besonders – und in enthüllender Weise – geneigt, Bilder aus dem Bereich der Krankheit zu gebrauchen. Die Nazis erklärten, jemand von gemischter »rassischer« Herkunft sei wie ein Syphiliskranker. Das europäische Judentum wurde zu wiederholten Malen mit der Syphilis gleichgesetzt und mit einem Krebs, der ausgeschnitten werden müsse. Die Krankheitsmetaphern waren auch ein Hauptbestandteil der bolschewistischen Polemik, und Trotzki, der begabteste aller kommunistischen Polemiker, verwendete sie insbesondere nach seiner Verbannung aus der Sowjetunion im Jahre 1929 sehr ausgiebig. Der Stalinismus wurde Cholera, Syphilis und Krebs genannt.* Daß beim Bildgebrauch innerhalb der Politik nur tödliche Krankheiten verwendet werden, verleiht der Metapher einen weit pointierteren Charakter. Wenn heute ein politisches Ereignis oder eine politische Situation mit einer Krankheit verglichen werden, wird dadurch Schuld eingeflößt, Bestrafung empfohlen.

Dies trifft insbesondere auf den Gebrauch von Krebs als Metapher zu. Er läuft darauf hinaus, daß man vor allem anderen sagt, ein Ereignis oder eine Situation sei uneingeschränkt und unwiderruflich böse. Das treibt den Einsatz enorm in die Höhe. Hitler klagte in dem ersten Schriftstück seiner politischen Laufbahn, einem im September 1919 geschriebenen antijüdischen Schmähbrief, die Juden an, ihr Wirken werde zur »Rassentuberkulose der Völker«.** Die Tuberkulose hat ihr Prestige als überdeterminierte schuldhafte Krank-

* Siehe Isaac Deutscher, *Trotzki, Bd. III, Der verstoßene Prophet, 1929 bis 1940*: »›Bestimmte Maßnahmen‹, schrieb Trotzki (am 21. März 1938) an (Philip) Rahv, ›sind für den Kampf gegen eine unrichtige Theorie notwendig und andere für den Kampf gegen eine Choleraepidemie. Stalin ist der Cholera unvergleichlich viel näher als einer falschen Theorie. Der Kampf muß intensiv, heftig und gnadenlos sein. Ein Element von ‚Fanatismus' … ist heilsam.‹« Und: »Trotzki sprach von der ›Syphilis des Stalinismus‹ oder vom ›Krebs, der der Arbeiterbewegung mit einem glühenden Eisen ausgebrannt werden muß‹ …«

Bemerkenswerterweise enthält Solschenyzins *Krebsstation* eigentlich keinerlei Verwendung von Krebs als Metapher – für Stalinismus oder sonst irgend etwas. Solschenyzin stellte seinen Roman ganz richtig vor, als er in der Hoffnung, ihn in der Sowjetunion publiziert zu bekommen, der Kommission des Schriftstellerverbandes 1967 mitteilte, der Titel sei nicht »irgendeine Art von Symbol«, wie ihm vorgeworfen werde, und »das Thema sei spezifisch und wörtlich Krebs«.

** »[Des Juden] Macht ist die Macht des Geldes, das sich in Form des Zinses in seinen Händen mühe- und endlos vermehrt, und den Völkern jenes gefährlichste Joch aufzwingt, das sie seines anfänglichen goldigen Schimmers wegen so schwer in seinen späteren traurigen Folgen zu erkennen vermögen. Alles, was Menschen zu Höherem streben läßt, sei es Religion, Sozialismus, Demokratie, es ist ihm alles nur Mittel zum Zweck, Geld und Herrschgier zu befriedigen. Sein Wirken wird in seinen Folgen zur Rassentuberkulose der Völker.« Julius Langbehn, ein Vorläufer der Nazi-Ideologie im späten 19. Jahrhundert, nannte die Juden »nur eine vorübergehende Pest und Cholera«. In Hitlers Bild von der Tb war jedoch bereits etwas enthalten, das sich leicht auf den Krebs übertragen ließ: die Vorstellung, daß die jüdische Macht sich »mühe- und endlos vermehrt«.

heit des 19. Jahrhunderts bis heute bewahrt. (Man erinnere sich an Hugos Vergleich des Monastizismus mit der Tb.) Die Nazis modernisierten ihre Rhetorik jedoch rasch, und Bilder aus dem Bereich des Krebses waren in der Tat weit geeigneter für ihre Zwecke. Wie in den Reden über die »Judenfrage« im Verlauf der 30er Jahre gesagt wurde – um einen Krebs zu behandeln, muß man viel von dem gesunden Gewebe um ihn herum wegschneiden. So, wie die Nazis sich dieses Bildes bedienten, erfordert Krebs »radikale« Behandlung im Unterschied zur »weichen« Behandlung, die als der Tb angemessen galt – hier haben wir den Unterschied zwischen Sanatorium (d. h. Exil) und Chirurgie (d. h. Krematorien). (Die Juden wurden auch mit dem Stadtleben identifiziert und wurden eine Metapher für Stadtleben – die Rhetorik der Nazis hallte von sämtlichen romantischen Klischees über die Städte als kräftezehrende, bloß zerebrale, moralisch verseuchte, ungesunde Umwelt wider.)

Die Beschreibung eines Phänomens als Krebs ist eine Anstiftung zur Gewalt. Die Verwendung des Krebses innerhalb des politischen Diskurses befördert den Fatalismus und rechtfertigt »strenge« Maßnahmen – wie sie zugleich die weitverbreitete Ansicht bestätigt, daß die Krankheit notwendigerweise tödlich ausgeht. Eine Krankheitsauffassung ist niemals unschuldig. Es ließe sich jedoch behaupten, daß Krebsmetaphern als solche schon implizit genozidal sind. Keine spezifische politische Anschauung scheint ein Monopol auf diese Metapher zu haben. Trotzki nannte den Stalinismus den Krebs des Marxismus; in China wurde die Viererbande im letzten Jahr unter anderem zum »Krebs von China«; John Dean erklärte Nixon Watergate folgendermaßen: »Wir haben einen Krebs im Innern – nahe dem Präsidentenamt –, der im Wachsen begriffen ist.« Die Standardmetapher der arabischen Polemik – die von den Israelis während der letzten zwanzig Jahre täglich im Radio gehört wurde – lautet, Israel sei »ein Krebs im Herzen der arabischen Welt« oder »der Krebs des Mittleren Ostens«, und ein Offizier der rechtsgerichteten christlichen libanesischen Streitkräfte, die im August 1976 das palästinensische Flüchtlingslager von Tal Zaatar belagerten, nannte das Lager »einen Krebs im libanesischen Körper«. Der Krebsmetapher scheinen diejenigen, die Töne der Entrüstung anschlagen wollen, nur schwer widerstehen zu können. Neal Ascherson schrieb 1969, die Slansky-Affäre »war – ist – ein riesiger Krebs im Körper von Staat und Nation der Tschechoslowakei«; Simon Leys spricht in *Chinese Shadows* vom »maoistischen Krebs, der das Antlitz Chinas wegnagt«; D. H. Lawrence nannte die Masturbation »den am tiefsten reichenden und gefährlichsten Krebs unserer Zivilisation«; und ich schrieb in der Erregung der Verzweiflung über Amerikas Krieg gegen Vietnam, »die weiße Rasse [sei] der Krebs der menschlichen Geschichte«.

Wie soll man aber im späten 20. Jahrhundert moralisch streng sein? Wie denn, wenn es so vieles gibt, gegen das man streng sein muß; wie denn, wenn man zwar ein Empfinden für das Böse hat, aber keine religiöse oder philosophische Sprache, um intelligent über das Böse zu sprechen? Bei unserem Versuch, das »radikale« oder »absolute« Böse zu beschreiben, suchen wir nach angemessenen Metaphern. Die modernen Krankheitsmetaphern sind jedoch sämtlich billige Münze. Zudem wird den Menschen, die die wirkliche Krankheit haben, auch kaum dadurch geholfen, daß sie ihre Krankheit ständig als Ausbund des Bösen genannt hören. Nur im eingeschränktesten Sinne ist irgendein historisches Ereignis oder Problem wie eine Krankheit. Und die Krebsmetapher ist besonders kraß. Sie ist unabänderlich, eine Ermutigung zu vereinfachen, was komplex ist, und eine Aufforderung zur Selbstgerechtigkeit, wenn nicht zum Fanatismus.

Es ist instruktiv, das Krebsbild mit dem vom Brand zu vergleichen. Da er einige der metaphorischen Eigentümlichkeiten von Krebs besitzt – er kommt von nirgendwo her, breitet sich aus, ist abstoßend –, sollte man meinen, daß Brand mit allem ausgestattet ist, was ein Polemiker sich nur wünschen kann. Tatsächlich wurde er in einer wichtigen moralischen Polemik verwendet – der gegen die französische Anwendung der Folter im Algerien der 50er Jahre. Der Titel des berühmten Buches, das diese Folter anprangert, lautet *La Gangrène (Der Brand)*. Es besteht jedoch ein großer Unterschied zwischen den Krebs- und den Brandmetaphern. Zunächst einmal ist klar, wodurch Brand verursacht wird. Er ist äußerlich (Brand kann sich aus einem Kratzer entwickeln); Krebs wird als mysteriös aufgefaßt, eine Krankheit mit vielfältigen Ursachen, inneren ebensowohl wie äußeren. Zum zweiten ist Brand keine so umfassende Katastrophe. Er führt oft zur Amputation, weniger oft zum Tode; von Krebs wird angenommen, daß er in den meisten Fällen zum Tode führt. Nicht Brand – und nicht die Pest (trotz beachtlicher Versuche von so verschiedenen Schriftstellern wie Artaud, Reich und Camus, letztere als Metapher für Bedrückung und Katastrophe durchzusetzen) –, sondern Krebs bleibt die radikalste der Krankheitsmetaphern. Und gerade weil sie so radikal ist, ist sie besonders tendenziös – eine geeignete Metapher für Paranoiker, für diejenigen, die Kampagnen in Kreuzzüge verwandeln müssen, für die Fatalisten (Krebs = Tod) und für diejenigen, die von der Faszination eines ahistorischen revolutionären Optimismus (der Vorstellung, daß nur die radikalsten Veränderungen richtig seien) beherrscht werden. Solange sich soviel militärische Übertreibung an die Beschreibung und Behandlung von Krebs heftet, ist sie eine besonders ungeeignete Metapher für die Friedliebenden.

Es ist natürlich wahrscheinlich, daß die auf Krebs bezogene Sprache sich in den kommenden Jahren entwickeln wird. Sie muß sich entschieden ändern, wenn die Krankheit endlich begriffen und die Rate der Heilerfolge wesentlich höher wird. Sie ändert sich bereits im Zuge der Entwicklung neuer Behandlungsformen. Wie die Chemotherapie die Strahlentherapie bei der Behandlung von Krebspatienten bereits mehr und mehr ersetzt, so wird in irgendeiner Art von Immuntherapie wahrscheinlich eine wirksame Form der Behandlung (sie ist bereits eine erprobte Zusatzbehandlung) gefunden werden. In bestimmten medizinischen Kreisen, wo die Ärzte sich auf den Aufbau massiver immunologischer Reaktionen auf Krebs konzentrieren, haben sich die Begriffe bereits verschoben! In dem Maße, wie die Sprache der Behandlung sich von den militärischen Metaphern aggressiver Kriegführung zu Metaphern entwickelt, die die »natürlichen Abwehrkräfte des Körpers« in den Vordergrund stellen (das, was das »immunodefensive system« genannt wird, kann – um gänzlich mit der militärischen Metapher zu brechen – auch als »immune competence« des Körpers bezeichnet werden), wird der Krebs teilweise entmythisiert werden; und es mag dann möglich sein, etwas mit einem Krebs zu vergleichen, ohne entweder eine fatalistische Diagnose zu implizieren oder den anstachelnden Aufruf, mit allen Mitteln einen todbringenden, heimtückischen Feind zu bekämpfen. Dann wird es, im Gegensatz zu heute, vielleicht moralisch zulässig, Krebs als Metapher zu verwenden.

Zu der Zeit wird jedoch vielleicht niemand mehr Krebs mit irgend etwas Schrecklichem vergleichen wollen – besteht doch das Interesse an der Metapher eben darin, daß sie sich auf eine Krankheit bezieht, die von Mystifikationen so überlagert und von der Phantasie des unentrinnbaren Verhängnisses so belastet ist; sind doch unsere Anschauungen über Krebs und die Metaphern, die wir ihm angehängt haben, in hohem Maße Vehikel für die großen Unzulänglichkeiten dieser Kultur, für unsere oberflächliche Haltung dem Tod gegenüber, für unsere Ängste gegenüber dem Gefühl, für unsere rücksichtslosen, leichtsinnigen Reaktionen auf unsere wirklichen »Wachstumsprobleme«, für unsere Unfähigkeit, eine fortgeschrittene Industriegesellschaft aufzubauen, die den Konsum in angemessener Weise reguliert, ein Vehikel auch für unsere berechtigte Furcht vor dem zunehmend gewalttätigen Verlauf der Geschichte. Die Krebsmetapher wird überholt sein, wage ich vorauszusagen, lange ehe die Probleme, die sie so beredt reflektiert hat, gelöst sein werden.

Aids und seine Metaphern

Für Paul
10. August 1988

Gedanken beim Wiederlesen von *Krankheit als Metapher*

1

Bei »Metapher« dachte ich an die früheste und prägnanteste Definition, die ich kenne: in der *Poetik* des Aristoteles (1457 b). »Eine Metapher«, sagt Aristoteles dort, »ist die Übertragung eines Wortes (das somit in uneigentlicher Bedeutung verwendet wird) ...« [Übers. M. Fuhrmann] Die Aussage, etwas sei (wie) etwas anderes, was es »eigentlich« nicht ist, gehört zu den Denkfiguren, die so alt sind wie die Philosophie und die Dichtkunst selbst und auch den Nährboden des wissenschaftlichen Verstehens und des Ausdruckswillens bilden. (Weshalb ich vor zehn Jahren meine Polemik gegen die Krankheitsmetapher mit einer hektischen Metaphernkaskade begann – ein scherzhafter Exorzismus gegen die Verlockungen metaphorischen Denkens.) Natürlich kann man nicht ohne Metaphern denken. Das heißt aber nicht, daß es nicht Metaphern gibt, vor denen wir auf der Hut sein oder die wir abschaffen müssen. Wie ja jedes Denken auch Interpretation ist, was nicht heißt, daß es nicht manchmal richtig ist, »gegen Interpretation« zu sein.

Nehmen wir zum Beispiel eine schier unausrottbare Metapher, die das politische Leben unseres Jahrhunderts entscheidend beeinflußt (und sein angemessenes Verständnis verhindert) hat, eine Metapher, durch welche Einstellungen und soziale Bewegungen in »links« und »rechts« aufgeteilt und polarisiert werden. Man schreibt diese Metapher für gewöhnlich der Zeit der Französischen Revolution zu: In der Nationalversammlung von 1789 saßen, vom Präsidenten aus gesehen, Republikaner und Radikale links, Monarchisten und Konservative rechts. Aber historische Reminiszenzen allein vermögen die enorme Zählebigkeit dieser Metapher wohl kaum zu erklären. Eher rührt ihr Fortleben im politischen Diskurs davon her, daß unserer modernen, säkularen Phantasie Metaphern der Körperorientierung im Raum – links und rechts, oben und unten, vorwärts und rückwärts – als besonders geeignet erscheinen, den sozialen Konflikt zu beschreiben; diese metaphorische Gepflogenheit bereichert die uralte Konzeption der Gesellschaft als eines Körpers – eines wohldisziplinierten Körpers unter dem Regiment eines »Hauptes« – um eine neue Dimension. Der Körper ist seit Platon und Aristoteles die dominierende Metapher für das Gemeinwesen, vielleicht, weil sie sich zur Rechtfertigung von Repression eignet. Noch mehr als beim Vergleich der Gesellschaft mit einer Familie läßt der Vergleich mit dem Körper eine autoritäre Gesellschaftsordnung als zwangsläufig, als unabänderlich erscheinen.

Eines der seltenen Beispiele für das umgekehrte Verfahren – den Gebrauch einer politischen Metapher zur Beschreibung des Körpers – findet sich bei Rudolf Virchow, dem Begründer der Zellpathologie. In den biologischen Kontroversen der 1850er Jahre benutzte Virchow gerne die Metapher vom liberalen Staat, wenn er seine Theorie der Zelle als der elementaren Einheit des Lebens entwickelte. Bei aller Komplexität ihrer Struktur bestehen Organismen zunächst einmal einfach aus »vielen Zellen« – gleichsam aus vielen Bürgern; der Körper ist eine »Republik« oder ein »Gemeinwesen«. Unter den Naturwissenschaftlern, die sich öffentlich exponierten, war Virchow ein Außenseiter, und zwar nicht zuletzt wegen seiner politischen Metaphorik, die für die damaligen Verhältnisse, um die Mitte des 19. Jahrhunderts, antiautoritär war. Doch ist die Analogie zwischen dem Körper und der (liberalen oder nicht liberalen) Gesellschaft weniger häufig als der Vergleich des Körpers mit anderen komplexen, geschlossenen Systemen, wie etwa einer Maschine oder einem Wirtschaftsunternehmen.

In den Anfängen der abendländischen Medizin, in Griechenland, bezog man Metaphern für die Einheit des Körpers gerne aus der Kunst. Eine dieser Metaphern war die »Harmonie« des Körpers, und Lukrez hat sie einige Jahrhunderte später mit seinem Spott übergossen. Seiner Meinung nach wird diese Metapher weder der Tatsache gerecht, daß der Körper aus wesentlichen und unwesentlichen Organen besteht, noch wird sie der Stofflichkeit des Körpers, d. h. seiner Vergänglichkeit gerecht. Hören wir, mit welchen Worten Lukrez die musikalische Metapher erledigt – es ist der früheste mir bekannte Protest gegen metaphorisches Denken in bezug auf Krankheit und Tod:

… es besitzen nicht alle Atome
gleich die Teile, noch sind sie aufs gleiche die Stütze des Lebens,
sondern die vielmehr, die des Windes und hitzigen Dampfes
Samen sind, sorgen dafür, daß im Leibe das Leben verweilet.
Also ist Lebenswärme und Lebenshauch in dem Körper
drinnen und zieht sich zurück aus uns, aus den sterbenden Gliedern.
Darum, da sich erfand ja nun das Wesen der Seele
wie des Lebens als Teil des Menschen, erstatte den Namen
Harmonie zurück, der den Künstlern aus Helikons Höhen
kam, sei's anderswoher, daß sie selber wieder ihn zogen
und übertrugen auf das, was noch eigenen Namen entbehrte;
wie es auch sei, sie mögen es tun; du hör die übrigen Worte.«

(De rerum natura III 124–135, Übers. K. Büchner)

Eine Geschichte der Körpermetaphorik auf dieser Abstraktionsebene müßte viele Bilder aus anderen Künsten und aus der Technik berücksichtigen, vor allem aus der Baukunst. Manche Metaphern erklären überhaupt nichts, so die moralisch-poetische Vorstellung vom Leib als einem Tempel bei Paulus; andere sind wissenschaftlich durchaus fruchtbar, so die Vorstellung vom Körper als einer Fabrik, ein Bild, das die Körpertätigkeit im Zeichen der Gesundheit sieht, oder der Vergleich mit der Festung, ein Bild, bei dem der Katastrophenaspekt im Vordergrund steht.

Das Bild von der Körper-»Festung« hat eine lange vorwissenschaftliche Geschichte; in ihr ist die Krankheit selbst eine Metapher für die Sterblichkeit des Menschen, für seine Schwäche und Hinfälligkeit. Als John Donne sich dem Tode nahe glaubte, schrieb er seinen großen Zyklus von Prosagedichten *Devotions upon Emergent Occasions* (1627); darin beschreibt er die Krankheit als einen Feind, der die Festung des Leibes belagert und endlich einnimmt:

»Wir achten gar sehr auf unsere Gesundheit, auf unseres Leibes Nahrung, Essen und Trinken, desgleichen auf Luft und allerlei Bewegung; und behauen wohl fein und polieren einen jeglichen Stein, der zu dieser Befestigung dient; und so ist unsere Gesundheit ein gründliches und geregeltes Werk; doch kann in einer einzigen Minute eine Kanone alles zerschmettern, umstoßen und gänzlich vernichten: eine Krankheit, die unseren Künsten nicht bekannt ist, deren unsere Vorsicht sich nicht versieht …«

Gewisse Teile des Körpers sind anfälliger als andere; nach Donne vermögen Hirn und Leber den Ansturm eines »unnatürlichen« oder »rebellischen« Fiebers auszuhalten, welches hingegen »das Herz in einer Minute zersprengt wie eine Mine«. In den Bildern Donnes ist die Krankheit selbst der Eindringling. Das moderne medizinische Denken könnte man dort beginnen lassen, wo diese grobe Kriegsmetaphorik differenziert wird. Dazu bedarf es jedoch sowohl einer neuartigen Untersuchungsmethode, wie sie Virchows Zellpathologie an die Hand gibt, als auch einer zutreffenderen Vorstellung davon, daß Krankheiten durch spezifische, identifizierbare und (unter dem Mikroskop) sichtbare Mikroorganismen verursacht werden. Erst als der Eindringling nicht mehr »die Krankheit« war, sondern ein konkreter Mikroorganismus, der die Krankheit verursachte, begann recht eigentlich der Triumph der Medizin; da aber gewann die Kriegsmetaphorik um so mehr an Triftigkeit und Prägnanz, und seither beherrscht sie mehr und mehr alle Aspekte der Beschreibung medizinischer Vorgänge. Die Krankheit gilt als eine Invasion körperfremder Organismen, auf die der Körper mit eigenen militärischen Operationen reagiert: Er mobilisiert seine immunologischen »Abwehrkräfte«, und die Medizin ist – in der Sprache der meisten Chemotherapien – »aggressiv«. Die Krankheit als grobe Metapher aber beherrscht die gesundheitliche Aufklärung der Bevölkerung: Hier wird die Krankheit regelmäßig als etwas bezeichnet, was »in die Gesellschaft eindringt«, und die Bemühungen um Verringerung der Sterblichkeitsrate bei einer bestimmten Krankheit verstehen sich selbst als »Kampf«, als »Ringen«, als »Krieg«. Beliebt geworden ist die Kriegsmetaphorik zu Beginn unseres Jahrhunderts, und zwar in den Jahren vor dem Ersten Weltkrieg in den Aufklärungskampagnen gegen die Syphilis und nach dem Weltkrieg in den

Kampagnen gegen die Tuberkulose. Aus der italienischen Anti-Tbc-Kampagne der 20er Jahre stammt zum Beispiel ein Plakat mit der Aufschrift »Guerra alle Mosche« (Krieg den Fliegen): Es stellt die tödlichen Auswirkungen von Krankheiten dar, die durch Fliegen übertragen werden. Die Fliegen selbst erschcinen als feindliche Flieger, die tödliche Bomben auf unschuldige Menschen abwerfen. Die Bomben wiederum tragen Namen: Auf einer steht »Microbi« (Mikroben), auf einer anderen »Germi della tisi« (Tbc-Keime). Auf wieder einer anderen heißt es einfach »Malattia« (Krankheit). Auf der vordersten Fliege sitzt rittlings, als Passagier oder Pilot, ein Totengerippe, mit schwarzem Umhang und Kapuze. Ein anderes Plakat lautet »Mit diesen Waffen besiegen wir die Tuberkulose«. Dargestellt sind dieselben Todesboten, aber diesmal von blanken Schwertern durchbohrt und an die Wand genagelt; jedes Schwert ist mit dem Namen einer Abwehrmaßnahme gegen die Tuberkulose beschriftet: »Reinlichkeit«, »Sonne«, »Luft«, »Ruhe«, »Gesunde Ernährung«, »Hygiene« (Natürlich waren alle diese »Waffen« bedeutungslos. Das einzige, was die Tuberkulose »besiegt«, das heißt: heilt, sind Antibiotika, und die wurden erst in den 40er Jahren entdeckt.)

War es einst nur der Arzt, der das *bellum contra morbum* führte, den Krieg gegen die Krankheit, so ist es heute die ganze Gesellschaft. Diese Transformation des Krieges in einen Anlaß zur ideologischen Massenmobilisierung hat die Kriegsmetaphorik für Erziehungskampagnen wertvoll gemacht, deren Ziel nun die Vernichtung eines »Feindes« war. Wir haben den Krieg gegen die Armut erlebt, den »Krieg gegen die Drogen«, schließlich den Krieg gegen einzelne Krankheiten wie etwa den Krebs. Der Mißbrauch der Kriegsmetaphorik ist in der kapitalistischen Gesellschaft vermutlich unvermeidlich – einer Gesellschaft, in der die Berufung auf ethische Grundsätze immer seltener und immer unglaubwürdiger wird und in der es als dumm gilt, das eigene Handeln nicht dem Kalkül des Eigennutzes und der Rentabilität zu unterwerfen. Das Kriegführen gehört zu den wenigen Tätigkeiten, bei denen die Menschen von ihrer üblichen »realistischen« Denkweise ablassen dürfen, d. h. Kosten und praktische Ergebnisse ihres Handelns nicht gegeneinander abzuwägen brauchen. Im totalen Krieg ist auch der Aufwand total und alles andere als ökonomisch – gilt doch der Krieg als Notfall, in dem kein Opfer zu groß ist. Aber der »Krieg« gegen eine Krankheit ist nicht bloß der Aufruf zu noch mehr Engagement der Bevölkerung und die Forderung nach noch mehr Mitteln für die Forschung. Diese Metapher sorgt auch dafür, daß eine besonders gefürchtete Krankheit als etwas ebenso »Fremdes« und »Anderes« gesehen wird wie der Feind in einem modernen Krieg; dann aber ist der Schritt von der Dämonisierung der Krankheit zur Schuldzuweisung an den Patienten zwangsläufig, gleichgültig, ob der Patient als Opfer gedacht wird oder nicht. Ein Opfer suggeriert Unschuld, Unschuld aber suggeriert, nach der unerbittlichen Logik derartiger relationaler Begriffe, Schuld.

Kriegsmetaphern bewirken die Stigmatisierung bestimmter Krankheiten, damit aber die Stigmatisierung der an ihnen Erkrankten. Die Entdeckung der Stigmatisierung der an Krebs Erkrankten bewog mich, *Krankheit als Metapher* zu schreiben.

Was mich vor zwölf Jahren, als ich selber Krebs bekam, am meisten erbitterte – und zugleich von meiner Angst und Verzweiflung über die düstere Prognose der Ärzte ablenkte –, war die Erkenntnis, wie sehr der Ruf dieser Krankheit das Leiden der an ihr Erkrankten verschlimmert. Viele meiner Leidensgefährten, mit denen ich während meiner ersten Krankenhausaufenthalte sprach, aber auch in den folgenden zweieinhalb Jahren, als ich in verschiedenen Kliniken der USA und Frankreichs als ambulanter Patient Chemotherapie bekam, waren von ihrer Krankheit abgestoßen und schienen sich ihrer zu schämen. Sie befanden sich offenbar im Banne von Phantasien über ihre Krankheit, die mir völlig fremd waren. Dann dämmerte mir, daß diese Vorstellung zum Teil den mittlerweile restlos diskreditierten Wahnideen entsprachen, die man früher von der Tuberkulose hatte. Hatte man in der Tuberkulose, sentimental genug, das Identitätssteigernde gesehen, so sah man im Krebs angewidert das Identitätsmindernde. Es gab auch analoge Vorstellungen über die »Verantwortung« und »charakterologische Disposition« des Patienten für sein Leiden: Krebs gilt als eine Krankheit, zu der vor allem die seelisch Angeschlagenen neigen, diejenigen, die alles »in sich hineinfressen« und alles unterdrücken, vor allem Aggressionen und sexuelle Gefühle; sowie die Lungentuberkulose im vorigen Jahrhundert und noch zu Beginn des jetzigen (d. h. bis zur Entdeckung ihrer Heilung) als Krankheit der Übersensiblen galt, der Hochbegabten und von Leidenschaften Verzehrten.

Diese Parallelen (zwischen den Ammenmärchen über Tb, über die wir uns heute erhaben fühlen können, und dem Unsinn über Krebs, den viele Krebspatienten und ihre Familien bis auf den heutigen Tag gläubig nachbeten) waren für mich der Anlaß, ein kleines Buch über die Mystifizierung der Krebserkrankung zu schreiben. Es wäre meines Erachtens nicht hilfreich gewesen – und hilfreich sollte mein Büchlein ja sein –, zum soundsovielten Male »aus der Sicht einer Betroffenen« zu schildern, wie jemand von seiner Krebserkrankung erfährt, wie er weint, mit dem Schicksal hadert, sich tröstet, leidet und wieder Mut faßt – obgleich das auch meine Geschichte gewesen wäre. Aber ich fand, daß gedankliche Durchdringung des Phänomens hilfreicher sein würde als seine Beschreibung. Die narrativen Glanzpunkte konnte ich von anderen Autoren beziehen; und wenn mir für die Glamour-Krankheit Tuberkulose auf Anhieb auch mehr Belege aus der Literatur einfielen als für Krebs, so fand ich die Diagnose Krebs als Krankheit von Menschen, die ihr Leben nicht wirklich gelebt haben, in Büchern wie Tolstojs *Tod des Ivan Iljitsch*, Arnold Bennetts *Riceyman Steps* und Bernanos' *Tagebuch eines Landpfarrers*.

Und so schrieb ich denn mein Buch – in fliegender Hast, angetrieben von missionarischem Eifer und von der Ungewißheit, wieviel Zeit mir noch bleiben würde zum Leben und zum Schreiben. Was ich wollte, war, unnötiges Leiden zu lindern – getreu der Maxime Nietzsches in der *Morgenröte* [I, 54], auf die ich erst vor kurzem gestoßen bin:

»*Die Gedanken über die Krankheit!* – Die Phantasie des Kranken beruhigen, daß er wenigstens nicht wie bisher, *mehr* von seinen Gedanken über seine Krankheit zu leiden hat als von der Krankheit selber, – ich denke, das ist etwas! Und es ist nicht wenig!«

Mein Buch wollte die Phantasie beruhigen, nicht sie aufreizen; nicht Bedeutung stiften, was sonst Ziel des Schreibens ist, sondern etwas seiner Bedeutung entkleiden: Es wollte die donquichottehafte, polemische Strategie des »Gegen Interpretation« auf die wirkliche Welt selbst anwenden. Auf den Körper. Ich hatte nämlich die schmerzliche Beobachtung gemacht, daß die metaphorischen Verbrämungen der Krebserkrankung sehr reale Konsequenzen haben: Sie hindern den Menschen daran, sich rechtzeitig behandeln zu lassen oder sich energischer um kompetente Behandlung zu bemühen. Was einen umbrachte, waren nach meiner Überzeugung die Ammenmärchen und Metaphern rund um den Krebs. (Sie schüren in den Menschen irrationale Ängste vor solch wirksamen Maßnahmen wie der Chemotherapie und fördern dafür das blinde Vertrauen auf völlig nutzlose Verfahren wie Diät oder Psychotherapie.) Ich wollte anderen Menschen – Kranken und ihren Angehörigen – ein Instrument an die Hand geben, um diese Metaphern zu durchschauen und diese Hemmschwellen abzubauen. Ich hoffte, verängstigte Kranke bewegen zu können, daß sie entweder einen Arzt aufsuchten oder statt ihres unfähigen Arztes einen anderen konsultierten, der ihnen die richtige Hilfe angedeihen ließ; sie sollten Krebs einfach als Krankheit betrachten lernen – eine ernste Krankheit, aber eben eine Krankheit, weder Fluch noch Strafe noch Peinlichkeit. Eine Krankheit ohne »Bedeutung«. Und nicht zwangsläufig eine Krankheit zum Tode (es ist eine Mystifikation, daß Krebs gleichbedeutend ist mit Tod). *Krankheit als Metapher* ist nicht bloß eine Polemik; es ist eine Ermahnung. Was ich sagen wollte, war: Drängen Sie den Arzt, Ihnen die Wahrheit zu sagen; seien Sie ein aufgeklärter und aktiver Patient; suchen Sie die richtige Therapie (denn es gibt sie, neben allerhand Kurpfuscherei). Es gibt kein Allheilmittel, aber mehr als die Hälfte aller Fälle kann mit den existierenden Behandlungsmethoden geheilt werden.

Seit der Niederschrift von *Krankheit als Metapher* ist ein Jahrzehnt vergangen, ich bin, entgegen der pessimistischen Prognose meines Arztes, von meinem Krebs geheilt worden, und die Einstellung der Bevölkerung gegenüber Krebs hat sich gewandelt. Krebs zu bekommen gilt nicht mehr als Stigma, als Auslöser einer »beschädigten Identität« (um den Ausdruck Erving Goffmans zu gebrauchen). Das Wort »Krebs« wird unbefangener ausgesprochen, und in den Todesanzeigen ist nicht mehr verschämt von »langer, schwerer Krankheit« die Rede. Und während es in Europa und Japan noch immer so ist, daß der Arzt die Diagnose »Krebs« zuerst der Familie des Patienten eröffnet und nicht diesem selbst, ja häufig sogar mit dem Gedanken spielt, sie dem Patienten ganz zu verschweigen, haben die Ärzte in den USA diese Politik praktisch ganz aufgegeben. Heute ist eher brutale Aufklärung des Patienten gefragt. Diese neue Freimütigkeit in puncto Krebs gehört zu dem neuen pflichtgemäßen Freimut (oder dem Mangel an Zartgefühl), der uns Diagramme des Mastdarms oder des Urogenitaltrakts der führenden Politiker des Landes im Fernsehen und auf den Titelseiten der Zeitungen beschert – mehr und mehr gilt es in unserer Gesellschaft als Tugend, justament von dem zu sprechen, wovon man eigentlich *nicht* sprechen darf. Man kann diesen Wandel allerdings auch mit der Angst der Ärzte vor Schadensersatzprozessen in einer prozessierfreudigen Gesellschaft erklären. Und wenn Krebs heute von weniger Phobien und jedenfalls von weniger Geheimniskrämerei umgeben ist als früher, so liegt dies zweifellos auch daran, daß er nicht mehr die am meisten gefürchtete Krankheit ist. Dieser Makel ist dem Krebs in den letzten Jahren durch das Auftreten einer neuen Krankheit genommen worden, deren Stigmatisierungsvermögen und deren potentielle Identitätsschädigung weit größer sind. Es scheint so, als brauchten alle Gesellschaften eine Krankheit, die sie mit dem Bösen identifizieren und ihren »Opfern« als Schande anlasten können; doch hält es schwer, mehr als *eine* dieser Krankheiten zu haben.

2

Wie nicht anders zu erwarten bei einer Krankheit, die wir bisher nicht genau verstehen und die außerordentlich resistent gegen Behandlung ist, hat das Aufkommen dieser grauenvollen neuen Krankheit – neu zumindest in ihrer epidemischen Form – eine großartige Gelegenheit zur Metaphorisierung von Krankheit geboten.

Streng genommen ist Aids – »acquired immune deficiency syndrome« – gar nicht der Name für eine Krankheit. Es ist die Bezeichnung für ein Syndrom, dessen Folgen eine ganze Reihe von Krankheiten sein können. Im Gegensatz zu Syphilis und Krebs, den Prototypen für die meisten der mit Aids in Verbindung gebrachten Bilder und Metaphern, gehört zur Definition von Aids das Vorhandensein anderweitiger Erkrankungen, sogenannter »opportunistischer« Infektionen und Malignitäten. Obgleich also in diesem Sinne keine einheitliche Krankheit, lädt Aids doch dazu ein, als eine solche betrachtet zu werden – nicht zuletzt deshalb, weil Aids angeblich, anders als Krebs und ebenso wie Syphilis, eine einzige Ursache hat.

Die Aids-Metaphorik ist zweifachen Ursprungs. Als Mikroprozeß wird Aids wie Krebs beschrieben: als Invasion. Liegt der Akzent auf der Übertragung der Krankheit, muß eine ältere, an die Syphilis erinnernde Metapher herhalten: Verunreinigung. (Man bekommt Aids durch Blut oder Samen infizierter Personen oder durch kontaminierte Blutkonserven.) Aber die Kriegsmetaphern zur Beschreibung von Aids sind etwas anders fokussiert als die zur Beschreibung von Krebs. Bei Krebs vernachlässigt die Kriegsmetaphorik die Frage der Kausalität (die ja in der Krebsforschung noch immer ungeklärt ist) und setzt dort an, wo bösartige Zellen im Körper mutieren, um schließlich ihren ursprünglichen Ort oder das ursprüngliche Organ zu verlassen und andere Organe oder Systeme zu befallen – ein subversiver Akt im Innern des Körpers. Dagegen ist bei der Beschreibung von Aids der Feind, der die Krankheit verursacht, ein Infektionsträger, der von außen kommt:

»Der Eindringling ist sehr, sehr klein, nicht größer als der sechzehntausendste Teil eines Stecknadelkopfes … Späher des körpereigenen Immunsystems – große Zellen, die man Makrophagen nennt – wittern die Gegenwart des winzigen Fremden und alarmieren unverzüglich das Immunsystem. Das Immunsystem mobilisiert ein Truppenaufgebot von Zellen, die u. a. Antikörper zur Bekämpfung der Gefahr produzieren. Das Aids-Virus ignoriert zielstrebig viele der Blutzellen, die sich ihm in den Weg stellen, entkommt den rasch vorrückenden Verteidigern und steuert automatisch den Hauptkoordinator des Immunsystems an, eine Helferzelle …«

Das ist die Sprache der politischen Paranoia mit ihrem typischen Mißtrauen gegen eine pluralistische Welt. Ein Abwehrsystem von Zellen, »die u. a. Antikörper zur Bekämpfung der Gefahr produzieren«, ist natürlich einem »zielstrebig« vorrückenden Eindringling nicht gewachsen. Und der Science-fiction-Charakter des Szenarios, der schon den Diskurs über Krebs gekennzeichnet hat, ist in Schilderungen über Aids noch ausgeprägter (die vorliegende stammt aus *TIME Magazine* 1986). Der Vorgang der Infektion wird beschrieben wie einer jener High-tech-Kriege, auf die wir uns heute nach dem Willen unserer Führer und der Videospiele-Hersteller vorzubereiten (und einzustellen) haben. Im Zeitalter der »Star Wars« und »Space Invaders« hat sich Aids als eine Krankheit von unübertrefflicher Verständlichkeit erwiesen:

»Auf der Oberfläche dieser Zelle stößt es [das Aids-Virus] auf einen Rezeptor, in den eines seiner Hüllproteine genau hineinpaßt, wie der Schlüssel ins Schloß. Nach dem Ankoppeln an diese Zelle durchdringt das Virus die Zellmembran und verliert dabei seine Schutzummantelung …«

Als nächstes richtet sich der Eindringling hier häuslich ein, in einer Art »Machtübernahme durch die Außerirdischen«, wie man sie aus Science-fiction-Erzählungen kennt. Die körpereigenen Zellen selbst werden zum Eindringling. Mit Hilfe eines Enzyms, das das Virus mitgebracht hat,

»konvertiert das nackte Aids-Virus sein RNA in … DNA, das Meistermolekül des Lebens. Das Molekül dringt sodann in den Zellkern ein, setzt sich in einem Chromosom fest und übernimmt einen Teil der Zellmaschinerie, die es anweist, neue Aids-Viren zu produzieren. Von ihrem fremden Produkt überwältigt, schwillt die Zelle an und stirbt schließlich ab, wobei eine Flut von neuen Viren frei wird, die sich auf andere Zellen stürzen …«

Während die Viren weitere Zellen attackieren – so die Metapher –, attackiert »eine Unzahl von opportunistischen Krankheiten, die normalerweise durch ein gesundes Immunsystem abgewehrt werden, den Körper«, dessen Unversehrtheit und Kraft durch die schiere Replikation des »fremden Produktes« im Anschluß an den Zusammenbruch des Immunsystems ausgezehrt wird. »Mehr und mehr durch den Ansturm geschwächt, stirbt das Aids-Opfer, manchmal binnen weniger Monate, fast immer aber einige Jahre nach dem Auftreten der ersten Symptome.« Die bereits Erkrankten werden so beschrieben: »dem Angriff ausgesetzt, zeigen sie die verräterischen Symptome der Krankheit«; Millionen andere »tragen das Virus in sich und müssen jederzeit mit dem letzten, totalen Angriff rechnen«.

Krebs läßt die Zellen wuchern; Aids läßt sie sterben. Mag sich dieses ursprüngliche Modell von Aids (als Spiegelbild der Leukämie) auch gewandelt haben, so erinnern die Beschreibungen der Funktionsweise des Virus doch nach wie vor daran, daß die Krankheit als Infiltration der Gesellschaft wahrgenommen wird. »Aids-Virus in Zellen versteckt – für normale Tests unerreichbar«, betitelte jüngst die *New York Times* einen Bericht auf der ersten Seite über die Entdeckung, daß das Virus in einer anderen Art von Zellen, den Makrophagen, jahrelang »lauern« kann, wo es die Abwehrfunktion der Zelle außer Kraft setzen kann, ohne die Zelle selbst zu zerstören, »auch wenn die Makrophagen bis zum Bersten voll mit dem Virus sind«, und ohne Antikörper zu produzieren, jene Chemikalien, die der Körper als Reaktion auf »eindringende Agenten« herstellt und deren Vorhandensein bisher als untrüglicher Hinweis auf das Syndrom angesehen worden ist.* Daß das Virus, wie man heute vermutet, nicht für alle Zellen tödlich ist, in denen es sich einnistet,

* Die den Makrophagen zugeschriebene bedeutsamere Rolle – »sie dienen dem Aids-Virus als Behälter, da es sich in ihnen vermehrt, sie aber nicht abtötet wie die T_4-Zellen« – erklärt angeblich die nicht seltene Schwierigkeit, infizierte T_4-Lymphozyten bei Patienten nachzuweisen, die sowohl Antikörper gegen das Virus als auch Aids-Symptome zeigen. (Man geht nach wie vor davon aus, daß sich Antikörper entwickeln, sobald das Virus auf diese »Ziel«-Zellen übergreift.) Der Nachweis aktuell infizierter Zellpopulationen gelingt rätselhafterweise nur ebenso eingeschränkt und uneinheitlich wie der Nachweis der In-

erhöht nur den Ruf der Krankheit, ein verschlagener und unüberwindlicher Feind zu sein.

Aber was den viralen Angriff so grauenhaft macht, ist der Umstand, daß die Kontamination, und das heißt: die Anfälligkeit für Aids, nach dem derzeitigen Stand unseres Wissens eine bleibende ist. Selbst wenn ein infizierter Mensch zeit seines Lebens keinerlei Symptome entwickeln würde – d. h. wenn die Infektion inaktiv bliebe oder durch ärztliche Behandlung inaktiv gehalten werden könnte –, hätte sich der virale Feind doch für alle Zeit in seinem Körper eingenistet. Tatsächlich ist es nach herrschender Meinung nur eine Frage der Zeit, bis irgend etwas den schlummernden Feind aufweckt und »die verräterischen Symptome« auftreten. Wie die Syphilis, die ganzen Generationen von Ärzten als »der große Täuscher« bekannt war, ist auch Aids ein klinisches Konstrukt, das Ergebnis einer Deduktion. Das Konstrukt Aids bezieht seine Identität aus dem Vorhandensein *einiger* von vielen, und immer zahlreicher werdenden, Symptomen (kein Mensch hat alles, was Aids sein könnte); diese Symptome »bedeuten«, daß das, was dieser Patient hat, diese Krankheit ist. Die Konstruktion dieser Krankheit stützt sich nicht nur auf die Erfindung von Aids selbst als klinische Größe, sondern auch auf eine Art von »Junior-Aids«, genannt »Aids-verwandter Komplex« (ARC, Aids-Related Complex), den man Menschen zuschreibt, wenn sie »frühe« und häufig auch schubweise auftretende Symptome eines immunologischen Defizits zeigen, wie etwa Fieber, Gewichtsverlust, Pilzerkrankungen und Lymphknotenschwellungen. Aids ist progressiv, eine Krankheit auf Zeit. Sobald eine gewisse Symptomendichte erreicht ist, kann die Krankheit sehr rasch verlaufen und geht mit furchtbarem Leiden einher. Abgesehen von den häufigsten »präsentierenden« Krankheiten (von denen eini-

fektion bei menschlichen Populationen – rätselhaft deshalb, weil nach herrschender Überzeugung die Krankheit überall ist und sich zwangsläufig ausbreiten muß. »Nach Schätzungen von Medizinern ist nur eine einzige von einer Million T_4-Zellen infiziert, was manche zu der Frage veranlaßt, wo das Virus sich versteckt ...« Und eine weitere aufgeregte Spekulation ans demselben Artikel (*The New York Times*, 7. Juni 1988): »Infizierte Makrophagen« können das Virus möglicherweise durch bloße Berührung auf andere Zellen übertragen.

ge, zumindest in ihrer letalen Form, bisher ungewöhnlich waren, wie etwa ein seltener Hautkrebs und eine seltene Form der Lungenentzündung) macht eine Fülle von schwächenden, entstellenden und erniedrigenden Symptomen den Aids-Patienten ständig hinfälliger, hilfloser und unfähig zur selbständigen Erfüllung bzw. Befriedigung der elementarsten Funktionen und Bedürfnisse.

Als »langsame« Krankheit ist Aids eher mit der in »Stadien« verlaufenden Syphilis als mit Krebs zu vergleichen; diese Vorstellung von Krankheits-»Stadien« ist für den Diskurs über Aids zentral. Die gefürchtetste Form von Syphilis ist das Tertiärstadium. Das, was als Aids bezeichnet wird, gilt im allgemeinen ebenfalls als letztes von drei Stadien – deren erstes die Ansteckung mit dem HIV-Virus und der Verdacht auf eine Schädigung des Immunsystems ist –, wobei eine lange Latenzzeit zwischen Ansteckung und dem Einsetzen der »verräterischen« Symptome liegt. (Freilich ist sie nicht so lang wie bei der Syphilis, wo die Latenzperiode zwischen Sekundär- und Tertiärstadium Jahrzehnte betragen kann. Allerdings ist bemerkenswert, daß die Syphilis bei ihrem ersten, epidemischen Auftreten in Europa gegen Ende des 15. Jahrhunderts eine rasch um sich greifende Krankheit von heutzutage unbekannter, unerklärlicher Virulenz war und oft schon im zweiten Stadium, binnen weniger Monate oder Jahre, zum Tode führte.) Krebs *wächst* langsam; man stellt ihn sich nicht als eine lange Zeit latente Krankheit vor. (Zur überzeugenden Darstellung eines Prozesses als Ablauf von »Stadien« scheint notwendig die Vorstellung einer Verzögerung oder Unterbrechung des Prozesses zu gehören, wie sie im Begriff »Latenz« steckt.) Gewiß unterscheidet man auch beim Krebs »Stadien«. Das ist ein wichtiges diagnostisches Werkzeug, mit dem man Krebs nach seiner Schwere klassifiziert, danach, wie weit er »fortgeschritten« ist. Dabei handelt es sich aber meist um die räumliche Vorstellung eines Fortschreitens der Verkrebsung des Körpers auf prognostizierbaren Wegen. Krebs ist in erster Linie eine Krankheit im Raum, in der Geographie des Körpers, im Gegensatz zu Syphilis oder Aids, für deren Definition die Konstruktion einer zeitlichen Abfolge von Stadien entscheidend ist.

Syphilis ist ein Leiden, das nicht immer bis zu seinem grauenhaften Ende, der Parese, führen muß (wie bei Baudelaire und Maupassant und Jules de Goncourt), sondern oft im Stadium des Quälenden und Demütigenden stehen bleibt (wie bei Flaubert). Die Geißel »Syphilis« war zugleich ein Klischee, wie Flaubert selbst bemerkt hat. »*Syphilis*. – Jeder ist mehr oder weniger infiziert«, wie es im *Wörterbuch der Gemeinplätze* heißt, diesem Füllhorn der Platitüden des 19. Jahrhunderts. In Europa brachte es die Syphilis um die Jahrhundertwende sogar zu einer peinlich-positiven Assoziation, als man eine Verbindung zwischen Syphilis und erhöhter (»fieberhafter«) Geistestätigkeit herstellte, so wie man seit der Romantik eine Verbindung zwischen Lungentuberkulose und erhöhter Gefühlstätigkeit hergestellt hatte. Wie aus Ehrerbietung vor all jenen berühmten Schriftstellern und Künstlern, die in syphilitischer Verblödung endeten, gelangte man zu der Überzeugung, daß die durch Neurosyphilis verursachten Schädigungen des Hirns sich befruchtend auf das Denken und Kunstschaffen auswirkten. Thomas Mann, dessen Werk ein wahres Arsenal der Krankheitsmythen des frühen 20. Jahrhunderts ist, rückt die Vorstellung von der Syphilis als Muse in den Mittelpunkt des *Doktor Faustus*: Der Held dieses Romans ist ein großer Komponist, der sich bewußt mit Syphilis infiziert – unter der Bedingung (es handelt sich um einen Pakt mit dem Teufel), daß die Infektion sich auf das Zentralnervensystem beschränken und ihm dafür 24 Jahre ungebrochenen Schaffens bescheren wird. E. M. Cioran berichtet von dem Syphilis-Neid, der Ende der 20er Jahre in Rumänien seine Träume vom literarischen Ruhm beherrscht habe: Eines Tages, so träumte er, werde er entdecken, daß er sich mit Syphilis infiziert habe, danach werde er einige Jahre einer genial überschäumenden Produktivität erleben und endlich dem Irrsinn verfallen. Diese Romantisierung der durch Syphilis verursachten Demenz war der Vorläufer einer viel hartnäckigeren Phantasievorstellung in unserem Jahrhundert: der Idee, daß Geisteskrankheit eine Quelle künstlerischer Kreativität oder spiritueller Originalität sein könne. Bei Aids hingegen gehört zwar Demenz zu den typischen späten Symptomen, aber eine vergleichbare kompensatorische Mythologie wie bei der Syphilis ist bisher nicht entstanden und wird wohl auch nicht entstehen. Aids läßt ebensowenig wie

Krebs eine Romantisierung oder Sentimentalisierung zu – vielleicht, weil seine Assoziation mit dem Tod zu stark ist. In Krzystof Zanussis Film *Spiral* (1978) – der glaubwürdigsten Darstellung des Aufbegehrens gegen das Sterbenmüssen, die ich kenne – wird die tödliche Krankheit des Protagonisten an keiner Stelle näher bezeichnet; also *muß* es Krebs sein. Generationenlang war der Krebstod der Tod schlechthin und wurde als Scheitern schlechthin erfahren. Heutzutage ist Aids die Absage an Leben und Hoffnung schlechthin.

3

Aufgrund der zahllosen metaphorischen Ranken, die Krebs zum Synonym des Bösen gemacht haben, empfindet man es als beschämend, Krebs zu haben; es ist wie ein heimlicher Skandal. Man hat den Wunsch, zu verbergen, aber auch ein Gefühl der Ungerechtigkeit, des Verrats durch den eigenen Körper. Warum gerade ich? fragt sich der Krebspatient verzweifelt. Bei Aids empfindet man nicht Scham, sondern die Zumutung einer Schuld, und der Skandal ist alles andere als heimlich. Die wenigsten fragen sich »warum gerade ich?«. Die meisten Menschen außerhalb der Subsahara-Zone wissen (oder meinen zu wissen), wie sie Aids bekommen haben. Aids ist kein mysteriöses Leiden, das ohne Ansehen der Person jeden treffen kann. Im Gegenteil: Aids zu bekommen bedeutet in den meisten Fällen, als Angehöriger einer »Risikogruppe«, einer Gemeinschaft von Ausgestoßenen, entlarvt zu werden. Die Krankheit beleuchtet blitzartig eine Identität, die man Nachbarn, Arbeitskollegen, Angehörigen und Freunden sorgsam verheimlicht hatte. Sie bekräftigt aber auch Identität: In jener »Risikogruppe«, die in den USA bisher am schlimmsten betroffen ist, nämlich bei den homosexuellen Männern, hat sie ein Gefühl der Zusammengehörigkeit erzeugt, aber auch die Erfahrung gebracht, daß die Kranken isoliert sind und von der Umwelt drangsaliert und verfolgt werden.

Auch an der Krebserkrankung soll mitunter der Patient selbst »schuld« sein, der sich »riskant« verhalten hat: Der Alkoholiker bekommt Speiseröhrenkrebs, der Raucher Lungenkrebs – als Strafe für eine ungesunde Lebensweise. (Im Gegensatz zu jenen, die einen gefährlichen Beruf ausüben, wie z. B. der Arbeiter in einem petrochemischen Betrieb, der Blasenkrebs bekommt.) Man sucht immer mehr nach Zusammenhängen zwischen Primärorganen oder -systemen und bestimmten Verhaltensweisen, die als verwerflich gelten; so spekuliert man neuerdings über einen Zusammenhang zwischen Darm- und Brustkrebs und einer Kost, die reich an tierischen Fetten ist. Aber die mit Krebs in Verbindung gebrachten »riskanten« Gewohnheiten sind, wie andere Krankheiten auch, das Ergebnis von Willensschwäche oder Unvorsichtigkeit oder Abhängigkeit von zwar legalen, aber sehr gefährlichen Drogen. (Selbst Herzerkrankungen, die man bisher kaum auf eigenes Verschulden zurückführte, betrachtet man mittlerweile als den Preis, den Exzesse der Ernährung und des »Lebensstils« fordern.) Das gefährliche Verhalten jedoch, das Aids hervorruft, gilt nicht mehr nur als Schwäche. Es ist Ausschweifung, Kriminalität – Abhängigkeit von Drogen, die illegal sind, und von Formen der Sexualität, die als abartig gelten.

Die sexuelle Übertragung dieser Krankheit (von den meisten als Suppe betrachtet, die man sich selber einbrockt) wird härter beurteilt als andere Arten der Übertragung, besonders, seitdem man in Aids eine krankmachende Folge nicht nur des sexuellen Exzesses, sondern der Perversion sieht. (Ich denke natürlich an die USA, wo man den Menschen gegenwärtig weismachen will, daß eine heterosexuelle Übertragung von Aids äußerst selten und unwahrscheinlich sei – als ob es Afrika nicht gäbe.) Eine Infektionskrankheit, deren primäre Übertragungsweise sexueller Art ist, setzt diejenigen einem größeren Risiko aus, die sich sexuell stärker betätigen – und kann nur zu leicht als Strafe für diese Betätigung erscheinen. Was für die Syphilis galt, gilt erst recht für Aids, da nicht allein Promiskuität, sondern gewisse sexuelle Praktiken, die als widernatürlich gelten, das Risiko erhöhen sollen. Aids durch eine solche sexuelle »Praktik« (anstatt durch einfache Sexualität) zu bekommen gilt als mutwilliger und daher als besonders fahrlässig. Drogensüchtige, die sich die Krankheit durch die gemeinsame Benutzung einer kontaminierten Nadel zuziehen, betrachtet man als eine Art unfreiwilliger Selbstmörder. Promiske homosexuelle Männer, die ihren intensiven sexuellen Gewohnheiten in der von der medizinischen Antibiotika-Ideologie genährten Illusion von der relativen Ungefährlichkeit aller sexuell übertragenen Krankheiten nachgingen, galten bisher immer nur als hemmungslose Hedonisten – auch wenn heute klar ist, daß ihr Verhalten nicht weniger selbstmörderisch war. Menschen wie die Bluter oder die Empfänger von Bluttransfusionen, die selbst beim besten Willen nicht für ihr Leiden verantwortlich gemacht werden können, könnten von besorgten Mitmenschen genauso schonungslos in Acht und Bann getan werden, ja sie stellen potentiell sogar eine größere Gefahr dar, weil sie im Gegensatz zu den bereits Stigmatisierten weniger leicht zu identifizieren sind.

Infektionskrankheiten, die mit sexuellem Fehlverhalten in Verbindung gebracht werden, wecken stets die Befürchtung, besonders leicht übertragbar zu sein, und erzeugen die bizarre Vorstellung, daß man sie auch ohne Sexualkontakt an öffentlich zugänglichen Orten bekommen könne. Zu Beginn unseres Jahrhunderts wurden auf allen amerikanischen Kriegsschiffen die normalen Türen ausgebaut und durch Schwingtüren ohne Knauf ersetzt; die metallenen Trinkgefäße an allen öffentlichen Brunnen der USA wurden abmontiert. Hatte man doch »entdeckt«, daß Syphilis eine Infektionskrankheit war, die auch auf »Unschuldige übertragen« werden konnte; und wenn Generationen von Kindern ermahnt werden, nie eine öffentliche Toilette zu benutzen, ohne Papier zwischen ihren nackten Po und die Brille zu legen, so ist auch dies ein Überbleibsel der damals grassierenden und bis heute nicht ganz vergessenen Gruselgeschichten von den »Syphilisbazillen«, die von »Dreckspatzen« unter den Mitmenschen auf Unschuldige übertragen werden. Jede gefürchtete epidemische Krankheit, vor allem, wenn sie mit sexueller Freizügigkeit verbunden zu sein scheint, führt in der Öffentlichkeit zu der wahnhaften Unterscheidung zwischen mutmaßlichen Trägern der Krankheit (für gewöhnlich Arme und, in unserem Teil der Welt, Menschen mit dunklerer Hautfarbe) und jenen, die als »allgemeine Bevölkerung« definiert werden. (Das Definitionsmonopol liegt bei Gesundheitspolitikern und anderen Bürokraten.) Ähnliche Phobien und Kontaminationsängste hat Aids bei jenen Menschen geweckt, die in bezug auf *diese* Krankheit die »allgemeine Bevölkerung« bilden, also bei weißen Heterosexuellen, die sich keine Drogen spritzen und auch keine sexuellen Beziehungen zu Leuten unterhalten, die das tun. Aids gilt wie Syphilis als eine Krankheit »des anderen«, die man nicht hat, sondern sich holt, und es straft, stärker als je die Syphilis, die bereits Stigmatisierten. Doch Syphilis wurde nicht mit dem sicheren Tod gleichgesetzt, dem Tod nach einer langen Agonie, wie man es einst vom Krebs geglaubt hat und heute von Aids glaubt.

Daß Aids keine einzelne Krankheit ist, sondern ein Syndrom, bestehend aus einer schier endlosen Liste von kontribuierenden Leiden, die die Krankheit ausmachen (d. h. den Patienten als an Aids erkrankten definieren), macht aus Aids in höherem Maße ein Produkt der Definition oder Konstruktion als selbst eine so komplexe und formenreiche Krankheit wie Krebs. Der Streit darüber, ob Aids generell tödlich ist, hängt nicht zuletzt von dem ab, was die Ärzte als Aids zu definieren für gut fanden – oder als ARC in der Hinterhand haben. Diese Definition geht von einer Vorstellung aus, die nicht weniger primitiv metaphorisch ist als die Rede von einer »ausgewachsenen« Krankheit.* »Ausgewachsen« ist die Krankheit un-

* Die übliche Definition unterscheidet zwischen Menschen, die die Krankheit oder das Syndrom haben und »die definitorischen Kriterien der Aids-Überwachung erfüllen«, und einer größeren Anzahl von mit HIV Infizierten und Symptomenträgern, »die nicht die empirischen Kriterien für die ausgewachsene Krankheit erfüllen. Diese Konstellation von Anzeichen und Symptomen im Kontext der HIV-Infektion wird als ›Aids-related complex (ARC)‹ bezeichnet.« Dann folgen die obligatorischen Prozentzahlen. »Man schätzt, daß annähernd 25 Prozent der Patienten mit ARC innerhalb von 3 Jahren die ausgewachsene Krankheit aufweisen werden.« Harrison, *Principles of Internal Medicine*, 11. Aufl. (1987), S. 1394.

Der als Aids bekannte Zustand – übrigens die erste ernsthafte Krankheit, die (im englischen Sprachgebiet) mit einem Buchstabenkürzel bezeichnet wird – ist keine Krankheit mit sozusagen natürlichen Grenzen. Es ist eine Krankheit, deren Identität konstruiert wird – zum Zwecke ihrer Erforschung, aber auch im Hinblick auf statistische Erfassung und Überwachung durch Gesundheits- und andere Behörden. Daher in dem genannten medizinischen Lehrbuch die selbstverständliche Gleichsetzung des Empirischen mit Überwachungskriterien – zwei Gesichtspunkten, die doch von ganz unterschiedlichen Erkenntnisinteressen ausgehen. (Aids ist das, was entweder den »definitorischen Kriterien der Aids-Überwachung« oder den »empirischen Kriterien« entspricht: HIV-Infektion plus Vorhandensein einer oder mehrerer Krankheiten auf der Liste derjenigen Behörde, die die eigentliche Definitionskompetenz besitzt, des Federal Center for Disease Control in Atlanta.) Diese völlig willkürliche Definition mit ihrer Metaphorik der reifenden Krankheit hat entscheidenden Einfluß auf das Verständnis der Krankheit.

weigerlich tödlich. Aber alles, was keimhaft angelegt ist, muß reifen, das Knospenhafte muß sich entfalten, was noch nicht flügge ist, muß wachsen, und so macht die botanische oder zoologische Metapher der Ärzte die Entwicklung zu Aids zur Norm, zur Regel. Ich sage nicht, daß die Metapher die klinische Konzeption erzeugt; ich behaupte aber, daß sie weit über sie hinausgeht. Sie leistet einer Interpretation des klinischen Befundes Vorschub, die keineswegs bewiesen oder auch nur beweisbar ist. Es ist einfach zu früh, um von einer Krankheit, die erst vor sieben Jahren entdeckt worden ist, den Schluß zu ziehen, daß die Ansteckung mit ihr unter allen Umständen etwas mit sich bringen werde, was zum Tode führt, und auch zu früh für den Schluß, daß jeder, der die als Aids definierte Krankheit hat, an ihr sterben werde. (In der erschreckenden Mortalitätsrate kann sich nach Ansicht einiger Fachleute auch der frühe, besonders schnelle Tod derjenigen widerspiegeln, die gegen das Virus am meisten anfällig sind – infolge verminderter Immunkompetenz, infolge genetischer Veranlagung oder aufgrund anderer Faktoren –, nicht aber das Wüten einer generell tödlichen Infektion.) Die Krankheit in einzelne Stadien zu zergliedern war einerseits notwendig, um die Metapher von der »ausgewachsenen Krankheit« lancieren zu können. Andererseits schwächte es wieder etwas die Vorstellung des Zwangsläufigen ab, die diese Metapher suggerierte. Wer klug genug war, auf Nummer Sicher zu gehen, was die zu erwartende generelle Tödlichkeit der Infektion betraf, konnte mit Hilfe der üblichen Drei-Schichten-Klassifikation – HIV-Infektion, Aids-Related Complex (ARC) und Aids – wahlweise eine von zwei Möglichkeiten oder beide vertreten: die weniger katastrophale, daß es *nicht* automatisch für jeden Infizierten ein »Fortschreiten« von der HIV-Infektion zu Aids geben werde, und die katastrophalere, daß es dieses Fortschreiten sehr wohl geben werde.

Seit einiger Zeit wird die Diskussion über die Krankheit von der pessimistischen Lesart der Befunde beherrscht. Das bedeutet, daß sich eine Änderung der Nomenklatur abzeichnet. Maßgebliche Meinungsbildner in Sachen Aids-Aufklärung sind zu der Ansicht gelangt, daß endlich Schluß sein müsse mit dem trügerischen Gefühl der Sicherheit, das der Gebrauch verschiedener Akronyme für verschiedene Stadien der Krankheit mit sich bringe. (Es wird wohl immer nur ein minimales »Gefühl der Sicherheit« gewesen sein!) Die neuesten Vorschläge zur Umarbeitung der Terminologie – z. B. Abschaffung der Kategorie ARC – rütteln zwar nicht an der Konstruktion der Krankheit in Stadien, legen aber besonderes Gewicht auf die *Kontinuität* des Krankheitsverlaufs. Das Stadium der »ausgewachsenen Krankheit« tritt nach heutiger Auffassung noch zwangsläufiger ein – Wasser auf die Mühlen des ohnehin schon grassierenden Fatalismus.*

Von Anfang an hatte die begriffliche Konstruktion der Krankheit mit Konzepten gearbeitet, die zwar eine Gruppe von Menschen von einer anderen unterschieden – die Kranken von den Gesunden, Menschen mit ARC von Menschen mit Aids, »sie« und »wir« –, zugleich aber die unmittelbar bevorstehende Auflösung dieser Unterschiede implizierten. Die Prognosen, mochten sie auch noch so verklausuliert sein, klangen immer fatalistisch. So dienten die häufigen Äußerungen von Aids-Fachleuten und Gesundheitspolitikern über die Chancen der mit dem Virus Infizierten, die »ausgewachsene« Krankheit zu bekommen, wohl hauptsächlich der Beeinflussung der öffentlichen Meinung, der man die schlimme Kunde in schonender Dosierung beibringen wollte. Schätzungen über die Anzahl der Menschen, die in spätestens fünf Jahren Symptome haben werden, die sie als Aids-krank klassifizieren, liegen gegenwärtig bei 30 bis

* Die vom amerikanischen Präsidenten eingesetzte Aids-Kommission empfahl 1988, den Gebrauch des Begriffs ARC »zurückzunehmen«, da dieser »geeignet ist, die lebensbedrohlichen Aspekte dieses Krankheitsstadiums zu verdecken«. Es gibt sogar Bestrebungen, die Bezeichnung Aids fallenzulassen. Der Bericht der Kommission benutzt bewußt das Akronym HIV für die Epidemie, um seiner Empfehlung Nachdruck zu verleihen, man müsse von der »Überwachung der Krankheit« zur »Überwachung der Ansteckung« übergehen. Auch hier wird als Begründung angegeben, daß die gegenwärtige Terminologie die ganze Schwere der Bedrohung verdecke. (»Diese seit langem übliche Konzentration auf die klinische Manifestation von Aids anstatt auf sämtliche Stadien der HIV-Infektion [d. h. von der ersten Ansteckung über die Serokonversion und ein antikörper-positives asymptomatisches Stadium zum ausgewachsenen Aids] hat unbeabsichtigterweise zu einer Irreführung der Öffentlichkeit geführt, was das Ausmaß der Infektion in der Bevölkerung betrifft. …«) In der Tat steht zu erwarten, daß die Krankheit früher oder später umbenannt wird. *Diese* Änderung der Nomenklatur würde dann offiziell die Politik rechtfertigen, die Infizierten, aber Asymptomatischen unter den Kranken mitzuzählen.

35 Prozent, was vielleicht zu niedrig ist, und sind unweigerlich mit der Feststellung verbunden, daß »die meisten« von diesen Infizierten – später ist von »wahrscheinlich allen« die Rede – an Aids erkranken werden. Die kritische Größe ist also nicht der Prozentsatz der Menschen, die wahrscheinlich in absehbarer Zeit Aids bekommen werden, sondern der maximale Zeitraum zwischen der als lebenslänglich und unwiderruflich bezeichneten Ansteckung mit HIV und dem Auftreten der ersten Symptome. In dem Maße, wie sich die Jahre addieren, in denen die Krankheit beobachtet wird, erhöht sich auch die mögliche Anzahl der Jahre zwischen Ansteckung und Erkrankung, die heute, sieben Jahre nach dem Ausbruch der Epidemie, bei zehn bis fünfzehn Jahren liegt. Diese Zahl, die wahrscheinlich immer wieder nach oben korrigiert werden wird, trägt viel dazu bei, die Definition von Aids als einer gnadenlosen, generell tödlichen Erkrankung in Geltung zu halten.

Die Überzeugung, daß alle, die das Virus »in sich tragen«, eines Tages auch die Krankheit bekommen werden, hat die offensichtliche Konsequenz, daß Menschen, die nach dem Test HIV-positiv sind, als »Menschen mit Aids« gelten, die eben kein Aids haben – *noch* nicht. Aber das ist nur eine Frage der Zeit, wie bei jedem Todesurteil. Weniger offensichtlich ist, daß diese Menschen häufig angesehen werden, als *hätten* sie Aids bereits. HIV-positiv zu sein – was im allgemeinen bedeutet, daß man nicht auf das Vorhandensein des Virus, sondern der Antikörper getestet worden ist – wird immer häufiger gleichgesetzt mit erkrankt sein. »Infiziert« *heißt* von nun an »krank«. Das unschätzbare Konzept der klinischen Medizin, wonach ein Mensch »infiziert, aber nicht krank« sein kann – der Körper trägt viele Infektionen in sich –, wird gegenwärtig von biomedizinischen Vorstellungen verdrängt, die – wie immer es um ihre wissenschaftliche Rechtfertigung bestellt sein mag – auf eine Renaissance der wissenschaftsfeindlichen Logik der »Verunreinigung« hinauslaufen und das Konzept »infiziert, aber nicht krank«, als Widerspruch in sich erscheinen lassen. In diesem neuen Sinne »krank« zu sein kann mancherlei praktische Konsequenzen haben. Menschen verlieren ihren Arbeitsplatz, wenn bekannt wird, daß sie HIV-positiv sind (obgleich es in den USA nicht zulässig ist, jemandem aus diesem Grund zu kündigen), und die Versuchung, einen seropositiven Testbefund zu verschweigen, muß enorm sein. Noch drastischer sind die Konsequenzen eines positiven Tests für diejenigen ausgewählten Bevölkerungsgruppen – deren Anzahl noch zunehmen wird –, für die der Test vorgeschrieben ist. Das US-Verteidigungsministerium hat bekanntgegeben, daß HIV-positives Militärpersonal von »sensiblen, belastenden Tätigkeiten« entbunden werde, weil es Anhaltspunkte dafür gäbe, daß bereits eine Infektion mit dem Virus, ohne irgendwelche weiteren Symptome, bei einer signifikanten Minderheit von Virusträgern subtile Veränderungen der mentalen Fähigkeiten hervorrufe. (Die erwähnten »Anhaltspunkte« sind niedrigere Werte bei gewissen neurologischen Tests, die an HIV-Positiven vorgenommen wurden. Diese niedrigeren Werte könnten für eine durch Infektion mit dem Virus hervorgerufene mentale Beeinträchtigung sprechen, was die meisten Ärzte allerdings für extrem unwahrscheinlich halten. Ihre Ursache könnten aber auch, wie auf Befragen offiziell eingeräumt wird, »Wut, Depression, Angst und Panik« derjenigen sein, die soeben erfahren haben, daß sie HIV-positiv sind.) Und natürlich ist es für den HIV-Positiven unmöglich, in irgendein Land der Erde auszuwandern.

Bei allen früheren Epidemien infektiöser Art war die Epidemie gleichbedeutend mit der Anzahl der registrierten Fälle. Die gegenwärtige Epidemie hingegen denkt man sich *zur Zeit* als aus dieser Zahl bestehend, zuzüglich einer weit größeren, errechneten Zahl von infizierten Menschen, die sich offenbar noch guter Gesundheit erfreuen, die scheinbar gesund, aber bereits verdammt sind. Die Berechnungen werden ständig umgestoßen und erneuert, und es gibt immer stärkere Bestrebungen, diese Menschen zu identifizieren und zu kennzeichnen. Mit den neuesten biomedizinischen Tests ist es möglich, eine neue Klasse lebenslanger Parias zu erzeugen: die künftigen Kranken. Aber das Ergebnis dieser durch den Triumph der modernen medizinischen Untersuchungsmethoden ermöglichten radikalen Erweiterung des Krankheitsbegriffes dürfte zugleich ein Rückschritt in die Vergangenheit sein, in die Zeit vor dem medizinischen Triumphalismus, als es zahllose geheimnisvolle Krankheiten gab und das progressive Fortschreiten von der schweren Erkrankung zum Sterben etwas Normales war (nicht wie heute ein Fehler oder Versäumnis der Medizin, dazu bestimmt, behoben zu werden). Aids, diese Krankheit, bei der Menschen als krank begriffen werden, bevor sie es sind; die scheinbar unzählige Symptomkrankheiten erzeugt, gegen welche es nur Palliativmittel gibt; und die vielen den sozialen Tod beschert, bevor sie noch physisch tot sind – Aids bringt uns so etwas wie jene vormoderne Krankheitserfahrung zurück, die Donne in seinen *Devotions* beschreibt: »Alles, was ein Vermögen und seine Funktion stört, ist eine Krankheit«, die einsetzt, wenn wir

»... vorbetrübt und überbetrübt sind von Mißgunst und Argwohn und Ahnung der Krankheit, ehe daß wir sie Krankheit heißen können; wir sind nicht sicher, ob wir krank; eine Hand befragt die andere am Puls, und unsere Augen den Urin, wie es uns gehe ... die Krankheit martert uns, und doch können wir die Marter nicht erwarten ...«,

deren qualvolles Ausstrahlen in jeden Teil des Körpers eine wirkliche Heilung illusorisch macht, da das, was »nur ein Accidens, ein Symptom der eigentlichen Krankheit ist, so heftig wirkt, daß der Arzt auf dessen Heilung sehen muß«, anstatt auf die »Heilung der Krankheit« selbst, deren Folge Verlassenheit ist:

»Wie Krankheit das größte Elend, so ist das größte Elend der Krankheit das Alleinsein; wenn das Ansteckende der Erkrankung diejenigen abschreckt zu kommen, die Beistand leisten sollten; selbst der Arzt kaum zu kommen wagt ... Es ist eine Achtung, eine Exkommunikation des Patienten ...«

In der vormodernen Medizin wird Krankheit so beschrieben, wie sie intuitiv erlebt wird, als Beziehung zwischen Außen und Innen: eine inwendige Empfindung oder etwas, das man auf der Körperoberfläche ausmachen kann, durch Sehen (oder, knapp darunter, durch Hören und Schmecken) wird bestätigt, wenn das Körperinnere (chirurgisch oder in der Autopsie) für den Blick geöffnet wird. Typisch für die moderne – d.h. effektive – Medizin sind zum einen viel komplexere Vorstellungen darüber, was im Inneren des Körpers zu beobachten ist – nicht nur die Folgen der Krankheit (geschädigte Organe), sondern auch deren Ursache (Mikroorganismen) –, zum anderen eine viel diffizilere Typologie der Krankheit.

In der älteren Epoche der handwerklichen Diagnose führte die Untersuchung des Kranken zu einem spontanen Urteil – so spontan, wie der Arzt bereit war, es auszusprechen. Heutzutage bedeutet eine Untersuchung Tests. Und mit den Tests kommt eine zeitliche Verzögerung, die angesichts des unvermeidlich industriellen Charakters kompetenter medizinischer Tests einige Wochen dauern kann: ein peinigender Aufschub für denjenigen, der glaubt, ein Todesurteil oder eine Begnadigung erwarten zu müssen. Viele Leute lassen sich gar nicht erst testen: weil sie Angst vor dem Urteil haben; weil sie befürchten, auf eine Liste gesetzt zu werden, die neue Diskriminierungen oder Schlimmeres mit sich bringt; oder aus Fatalismus (»wozu soll es gut sein?«). Heutzutage akzeptiert man allgemein die Nützlichkeit der Selbstuntersuchung zur Früherkennung bestimmter verbreiteter Krebserkrankungen, die mit weit geringerer Wahrscheinlichkeit tödlich verlaufen, wenn sie rechtzeitig behandelt werden. Die Früherkennung einer Krankheit aber, die als gnadenlos und unheilbar gilt, scheint nichts Erstrebenswertes zu bieten.

Wie andere Krankheiten, die ein Gefühl der Scham erzeugen, ist Aids oft ein Geheimnis, aber eines des Patienten. Eine Krebsdiagnose wurde dem Patienten häufig von seinen Angehörigen verschwiegen; eine Aids-Diagnose wird mindestens genauso häufig den Angehörigen vom Patienten verschwiegen. Und wie bei anderen schweren Krankheiten, die nicht einfach als Krankheit gesehen werden, neigen viele Menschen mit Aids lieber zu einer »ganzheitlichen« als zu einer krankheitsspezifischen Behandlung, die sie entweder für unwirksam oder für zu gefährlich halten. (Der Vorwurf an die Adresse einer effektiven, wissenschaftlichen Medizin, die Behandlungen, die sie zu bieten habe, seien *nur* krankheitsspezifisch und wahrscheinlich toxisch, ist eine herrschende Irrmeinung, die sich selbst für aufgeklärt hält.) Die verhängnisvolle Entscheidung zugunsten einer »ganzheitlichen« Behandlung wird noch immer von manchen Menschen mit Krebs getroffen, einer Krankheit, die häufig chirurgisch und medikamentös heilbar ist. Und so führt eine verständliche Mischung aus Aberglauben und Resignation manche Menschen mit Aids dazu, auf eine antivirale Chemotherapie zu verzichten, die zwar keine Heilung verspricht, sich aber als einigermaßen wirksam erwiesen hat, da sie das Fortschreiten des Syndroms aufhält und einige verbreitete »auslösende« Krankheiten abwehrt. Statt dessen sucht man, sich selbst zu heilen, nicht selten unter den Auspizien irgendeines Gurus der »alternativen Medizin«. Doch einen geschwächten Körper der »Entschlackung« durch makrobiotische Diät auszusetzen, ist als Aids-Behandlung ungefähr so hilfreich wie ein Aderlaß – die »holistische« Behandlung der Wahl zu Zeiten John Donnes.

4

Etymologisch bedeutet Patient »der Leidende«. Doch was am meisten gefürchtet wird, ist nicht das Leiden als solches, sondern ein entwürdigendes Leiden.

Daß Krankheit mehr sein könne als ein Epos des Leidens, nämlich die Chance zur Selbstentgrenzung, behaupten sentimentale Romane und, suggestiver noch, die Fallgeschichten schreibender Ärzte. Manche Krankheiten sind für derartige Meditationen besonders gut geeignet. Dem Autor Oliver Sacks dient eine verheerende neurologische Erkrankung als Stoff für die Schilderung von Leiden und Selbstentgrenzung, körperlichem Verfall und spiritueller Erhebung. Sein großer Vorläufer Thomas Browne nutzte die Tuberkulose zu dem ähnlichen Zweck, über die Krankheit überhaupt nachzudenken, und zwar in seinem *Brief an einen Freund, aus Anlaß des Todes seines engen Freundes* (1657). Hier entwickelt er eine die Romantiker vorwegnehmende Sinndeutung für einige bekannte Stereotypen über die Tuberkulose: daß sie eine besondere Art des Krankseins sei (»diese sich verzehrende Krankheit«), aber auch eine besondere Art des Sterbens (»sein sanfter Tod«). An Tuberkulose zu sterben war in Wirklichkeit oft schwer und qualvoll; aber der angeblich sanfte oder leichte Tod gehört nun einmal zur Mythologie der meisten Krankheiten, die nicht als beschämend oder erniedrigend gelten.

Anders als die Tuberkulose mit ihrem angeblich leichten Ende führt Aids, wie Krebs, zu einem schweren Tod. Die metaphorisierten Krankheiten, die die kollektive Phantasie beschäftigen, haben durchweg einen schweren Tod oder werden so gesehen. Das Todbringende allein reicht nicht aus, um Entsetzen zu erzeugen, ja es ist vielleicht nicht einmal nötig, wie im merkwürdigen Fall der Lepra, die von allen Krankheiten wohl die am meisten stigmatisierte ist, obwohl sie selten tödlich verläuft und extrem schwer zu übertragen ist. Krebs ist gefürchteter als Herzkrankheiten, obwohl jemand, der einen Herzinfarkt gehabt hat, mit größerer Wahrscheinlichkeit innerhalb der nächsten paar Jahre an einer Herzerkrankung stirbt als jemand, der Krebs hat, an Krebs. Der Herzinfarkt ist ein Ereignis, aber er verleiht dem Patienten keine neue Identität, macht ihn künftig nicht zu einem von »denen«. Er verwandelt den Menschen nicht, es sei denn im Sinne einer Wandlung zum Besseren: Nach dem Schreckschuß des Infarkts treibt der Herzpatient Ausgleichssport, achtet auf seine Ernährung und lebt vorsichtiger und gesünder. Auch heißt es häufig, daß der Herzanfall zu einem leichten Tod führe – sei es auch nur deshalb, weil der Tod plötzlich kommen kann.

Die furchtbarsten Krankheiten sind jene, die nicht nur als tödlich, sondern im wahrsten Sinne des Wortes als entmenschlichend wahrgenommen werden. In Frankreich herrschte im 19. Jahrhundert eine panische Angst vor Tollwut; es gab zahllose Fälle von vermeintlicher Ansteckung an Tieren, die sich kurz zuvor in »Bestien« verwandelt hatten, ja sogar den »spontanen« Ausbruch von Tollwut wollte man beobachtet haben (echte Tollwutanfälle waren freilich extrem selten). Hinter dieser Tollwutphobie steckte die Phantasie, daß die Ansteckung aus dem Menschen ein rasendes Tier mache und in ihm unbeherrschbare geschlechtliche und gotteslästerliche Gelüste entfessele, nicht aber der Umstand, daß die Krankheit stets tödlich verlief, bevor Pasteur 1885 die richtige Behandlung entdeckte. Und die Cholera, die im 19. Jahrhundert in Westeuropa weniger Opfer forderte als die Pocken, war dennoch gefürchteter – wegen der Plötzlichkeit ihres Auftretens und der Würdelosigkeit ihrer

Symptome: Heftiger Durchfall und Erbrechen nahmen schon zu Lebzeiten des Patienten den Zerfall seines Leichnams vorweg. Binnen weniger Stunden radikaler Entwässerung schrumpfte der Patient zu einer runzeligen Karikatur seiner selbst, die Haut verfärbte sich bläulich-schwarz (im Französischen heißt eine durch Mark und Bein dringende Angst noch heute *une peur bleue),* der Körper erkaltete; noch am selben Tag, spätestens am nächsten trat der Tod ein.

Die Folgen der spinalen Kinderlähmung (Poliomyelitis) konnten schrecklich sein – die Krankheit ließ den Körper dahinschwinden –, aber sie hinterließ keine Spuren auf der Haut: Sie war nicht abstoßend. Außerdem berührte die Kinderlähmung »nur« den Körper, was freilich schlimm genug ist, aber nicht das Gesicht. Die relativ angemessene, unmetaphorische Reaktion der Umwelt auf die Kinderlähmung beruht weitgehend auf dem privilegierten Status des Gesichts, das für unser Urteil über körperliche Schönheit bzw. körperlichen Verfall so bestimmend ist. Mögen moderne Philosophie und moderne Naturwissenschaft den cartesianischen Dualismus von Leib und *Seele* noch so sehr ad absurdum geführt haben: an dem in unserer Kultur herrschenden Glauben an den Dualismus von Leib und *Gesicht* hat sich nicht das geringste geändert. Dieser Dualismus beherrscht jeden Aspekt der Sitten, der Mode, der sexuellen Vorlieben, der ästhetischen Sensibilität – buchstäblich alle unsere Vorstellungen über das Angemessene und Schickliche. Er prägt eine der wichtigsten ikonographischen Traditionen Europas, die Darstellung eines christlichen Martyriums mit der frappierenden Spaltung zwischen dem, was das Gesicht aussagt, und dem, was dem Leib angetan wird. Zahllose Bildnisse des hl. Sebastians, der hl. Agathe, des hl. Lorenz (nicht aber des Erlösers selbst) demonstrieren die lächelnde Entrücktheit des Gesichts gegenüber all dem Gräßlichen, das weiter unten mit dem Leib geschieht. Unten: die Vernichtung des Körpers. Oben: ein Mensch, im Gesicht verewigt, der wegschaut, für gewöhnlich nach oben, und weder Schmerz noch Furcht erkennen läßt – bereits im Jenseits. (Nur Christus, der Sohn Gottes und Menschensohn, leidet auch in Seinem Gesicht, erduldet Seine Passion.) Unser Begriff der Person, der menschlichen Würde, beruht auf dem Dualismus von Leib und Gesicht*, auf der Möglichkeit, daß das Gesicht dem entzogen ist oder sich dem entzieht, was mit dem Körper geschieht. Und noch so tödliche Krankheiten wie Herzanfälle oder Grippe, die das Gesicht nicht entstellen oder beschädigen, erregen nicht das tiefste Grauen.

Nicht jede Art von Beeinträchtigung des Gesichts wird als abstoßend oder beschämend wahrgenommen. Die gefürchtetste ist die, bei der das Gesicht wie eine Mutation ins Tierische aussieht, so etwa das »Löwengesicht« des Leprakranken, oder bei der es irgendwie verfault erscheint, wie bei der Syphilis. Den moralischen Urteilen im Zusammenhang mit Krankheiten liegen häufig ästhetische Urteile zugrunde über das Schöne und das Häßliche, das Reine und das Unreine, das Vertraute und das Fremde oder Unheimliche. (Genauer gesagt, werden diese Urteile auf einer Stufe gefällt, auf der moralisches und ästhetisches Urteil noch nicht auseinandergetreten sind und als Gegensatz erscheinen.) Was mehr zählt als das Ausmaß der Entstellung, sind die in ihr zum Ausdruck kommenden unterschwelligen und fortwährenden Veränderungen des Menschen, die Auflösung seiner Person. Auch die Pocken entstellen den Menschen und zeichnen sein Gesicht; aber diese Narben werden nicht schlimmer. Im Gegenteil: Sie sind die Stigmata eines, der die Krankheit siegreich bestanden hat. Die Male auf dem Gesicht eines Leprösen, eines Syphilitikers, eines Aids-Kranken sind Zeichen einer progressiven Mutation und Auflösung – etwas Organisches.

Im 19. Jahrhundert pflegte man das Organische in düstersten Farben zu malen, wenn man Krankheiten und ihre Ursache beschrieb. Bestimmte Krankheiten wie etwa Cholera, aber auch ein gewisses dauerndes Kränkeln führte man auf eine »verpestete« oder »fauli-

* Gegen die Aristokratie des Gesichts ist mit vernünftigen Argumenten nicht anzukommen; man kann sie nur durch Spott erledigen. Die erbitterte Auflehnung gegen den anmaßenden Dualismus von Leib und Gesicht wird in Gombrowiczs Roman *Ferdydurke* thematisiert. Dort wird immer wieder betont, daß der Körper aus einzelnen Teilen bestehe, die jeder ihr eigenes Leben führen, und daß das Gesicht nur ein Körperteil von vielen sei. Der Gesichtspunkt, von dem aus Gombrowicz seine in der Rabelais-Nachfolge stehende Satire gegen Eros und soziale Klasse schreibt, ist der einer erzwungenen, demütigenden Rückkehr in die Kindheit – nicht der Gesichtspunkt einer erzwungenen Demütigung durch Krankheit. Insofern ist der Roman keine Tragödie, sondern eine Komödie.

ge« Luft zurück, auf Ausdünstungen, die spontan irgend etwas Unreinem entquollen. In dieser krankheitsschwangeren Luft erkannte man für gewöhnlich (zunächst am üblen Geruch) sich zersetzende organische Materie; dann führte man sie auf den Unrat der Stadt zurück, auf Abfall, Verwesung, die Nähe von Friedhöfen. Widerlegt wurden solche Vermutungen erst, als Koch und Pasteur die Bedeutung bestimmter Mikroorganismen entdeckten. Um 1880 glaubte die Wissenschaft nicht mehr an die Lehre vom »Miasma«, wie man diese Ausdünstungen nannte, oder an spontane Erzeugung. (1883 entdeckte Koch den im Wasser übertragenen Bazillus, der die Cholera verursacht, nachdem er ein Jahr zuvor den Tuberkulosebazillus entdeckt hatte.) Aber auch nachdem die Miasmatheorie widerlegt worden war, lebte das Miasma weiter – zwar nicht mehr als Hauptverursacher von Krankheiten, aber doch als vager Begleitfaktor, der viele Krankheiten erklärte. Die Überzeugung, daß das Leben in finsteren, schmutzigen Städten Tuberkulose verursache (oder doch anfällig gegen sie mache), ist nichts anderes als eine Version der Miasmatheorie; man hing ihr noch bis weit in unser Jahrhundert hinein an, obwohl die wahre Ursache der Tuberkulose längst bekannt war. Offenbar bedarf es zur Moralisierung einer Krankheit des miasmischen Hintergrundes – der Verallgemeinerung der Infektion zu einer krankmachenden Atmosphäre.

Während sie von der Wissenschaft verworfen wurde, ließ die Miasmatheorie wenigstens *ein* großes Kunstwerk entstehen: die Oper, die Debussy aus dem Theaterstück *Pelléas et Mélisande* von Maeterlinck gemacht hat, eine Art *Tristan und Isolde*, verpflanzt in die Welt des Miasmas. In *Pelléas et Mélisande* fühlen sich alle schwach und verloren, und einige siechen bereits dahin; es gibt ein altes, verfallenes Schloß, in das kein Lichtstrahl dringt, und der Boden ist voller untergründiger Schrecken, mit sumpfigen, nassen Stellen, in denen man versinken kann. Es ist alles da, was zu einem ordentlichen Miasma gehört – bis auf den Gestank. Ein solches Stück ist für uns das Porträt einer *seelischen* Krankheit, einer Neurose. Genau in dem Moment, als die Kategorie der generellen Kränklichkeit aus dem medizinischen Denken des 19. Jahrhunderts verschwand und der Einsicht in die ungeheure Spezifität der Krankheitsverursachung wich, wanderte diese Kategorie in die Psychologie ab. Der körperlich Kränkelnde wurde zum Neurastheniker oder Neurotiker. Und der Gedanke einer organisch verseuchten, objektiv krankmachenden Umwelt kehrte in der Vorstellung einer seelisch verseuchten Umgebung wieder, die die Neigung zur seelischen Erkrankung erzeugen konnte. Diese Vorstellung blieb nicht auf die Psychologie beschränkt, sondern entfaltete, gestärkt durch die neue wissenschaftliche Glaubwürdigkeit der Psychologie, abermals ihren Einfluß in der Medizin. Die weit verbreitete Ansicht, viele oder sogar die meisten Krankheiten seien »in Wirklichkeit« nicht körperlich, sondern seelisch bedingt (konservativer ausgedrückt »psychosomatisch«), perpetuiert die Miasmatheorie – vermehrt um einen Überschuß an Kausalität und Sinngebung – in einer Version, die in unserem Jahrhundert enorm erfolgreich geworden ist. Die Theorie, daß seelisches Miasma (Depression, Angst) eine körperliche Krankheit verursachen könne, ist mit unterschiedlicher Seriosität an vielen Krankheiten erprobt worden; auch am Krebs. Aids teilt zwar viele seiner Metaphern mit Krebs, aber in einer Hinsicht unterscheidet es sich ganz deutlich von ihm und wird als Rückfall in vormoderne Krankheiten wie Lepra und Syphilis erlebt: Niemand ist versucht – jedenfalls bisher nicht –, Aids zu psychologisieren.

5

Die Hauptmetapher für die Aids-Epidemie heißt »Pest« [im Original *plague*]. Durch Aids verliert sich offenbar die gängige, aber irrige Vorstellung, Krebs sei eine Epidemie, ja eine Plage oder Pest: Aids hat den Krebs banalisiert.

»Plage«, von lateinisch *plaga* (Streich, Wunde), wird seit langem metaphorisch für ein Höchstmaß an kollektivem Unglück und Übel verwendet.* Prokop sagt in seiner meisterlichen Schmähschrift *Anecdota* [Geheimgeschichte] vom Kaiser Justinian, er sei schlim-

* Vgl. deutsch »Landplage«. Das deutsche Wort »Pest« kommt vom lateinischen *pestis*. (Anm. d. Übers.)

mer als die Pest gewesen (»ihm entkamen weniger«). Als »Pest« bezeichnete man aber auch generell viele furchterregende Krankheiten. Diejenige Krankheit, mit der das Wort »Pest« für immer verbunden ist, führte zwar zu der verlustreichsten aller bekannten Epidemien, doch muß eine Krankheit nicht unbedingt als erbarmungslos mörderisch erlebt werden, um als Plage und Pest zu gelten. So war die Lepra zur Zeit ihrer größten epidemischen Ausbreitung, zwischen 1050 und 1350, nicht viel gefährlicher als heute, wo sie nur selten tödlich verläuft. Auch die Syphilis hat man als »Pest« betrachtet – Blake nennt sie »the youthful Harlot's curse [that] blights with plagues the Marriage hearse« –, nicht weil sie ihre Opfer so oft getötet hätte, sondern weil es eine schändliche, schwächende, scheußliche Krankheit war.

Für gewöhnlich sind es Epidemien, was man als »Pest« bezeichnet, und solche Massenerkrankungen werden als Schickung verstanden, nicht als etwas, was man nur ertragen muß. Krankheit als Strafe für begangene Schuld zu begreifen ist der älteste Versuch, die Ursache von Krankheit zu erklären. Er hat nichts mit jener sorgenden Hinwendung zu den Kranken zu tun, die den großen Namen Medizin verdient. Hippokrates, Verfasser von mehreren Abhandlungen über Epidemien, hat den »Zorn Gottes« als Ursache der Beulenpest ausdrücklich zurückgewiesen. Doch jene Krankheiten, die in der Antike als Strafe gedeutet wurden, wie die Pest im *Ödipus*, galten nicht als schmachvoll, wie es später bei der Lepra und dann bei der Syphilis der Fall war. Insoweit einer Krankheit Sinn beigelegt wurde, war sie ein kollektiver Unglücksfall – das Urteil über eine ganze Gemeinschaft. Nur Verletzungen und Behinderungen, nicht aber Krankheiten hielt man für individuell »verdient«. Sucht man in der antiken Literatur nach einem Pendant zu unserer Vorstellung von einer beschämenden, isolierenden Krankheit, so wäre es wohl Philoktet mit seiner stinkenden Wunde.

Die gefürchtetsten Krankheiten sind diejenigen, die nicht einfach nur tödlich sind, sondern den Körper verfremden, wie Lepra, Syphilis, Cholera und (nach Vorstellung vieler Menschen) Krebs; und sie sind es, die bevorzugt zu einer »Pest« erhoben werden. Lepra und Syphilis waren die ersten Krankheiten, die ausnahmslos als abstoßend beschrieben wurden. Als erste Krankheit erzeugte Syphilis, in den frühesten medizinischen Beschreibungen gegen Ende des 15. Jahrhunderts, jene Art von Metaphorik, die sich heute um Aids rankt: eine Krankheit, die nicht nur abstoßend und eine gerechte Vergeltung ist, sondern auch die Gemeinschaft gefährdet. Zwar sagte Erasmus, der einflußreichste europäische Menschenerzieher des frühen 16. Jahrhunderts, Syphilis sei »nichts anderes als eine Art Lepra« (1529 war sie für ihn »etwas Schlimmeres als Lepra«); aber zu diesem Zeitpunkt hatte man schon erkannt, daß sie etwas anderes war, weil sie sexuell übertragen wurde. Paracelsus spricht (in der Paraphrase John Donnes) von »jener schlimmen, ansteckenden Krankheit, die damals nur an wenigen Stellen aufgetreten war und seither die ganze Menschheit überschwemmt; und zur Strafe für die allgemeine Zügellosigkeit hat Gott diese Krankheit geschickt«. Wenn man in der Syphilis die Strafe für die Missetaten eines einzelnen sah, so war das lange Zeit, d. h. so lange, bis die Krankheit leicht kurierbar war, praktisch gleichbedeutend damit, sie für eine Strafe Gottes an einem sittenlosen Kollektiv zu halten – so wie heute Aids in den reichen Industrieländern. Im Gegensatz zu Krebs, der modern als ein Leiden aufgefaßt wird, das den einzelnen befällt (und über ihn Aufschluß gibt), wird Aids auf vormoderne Weise begriffen als eine Krankheit, die den Menschen nicht nur individuell befällt, sondern auch als Angehörigen einer »Risikogruppe« – so die neutral klingende, bürokratische Kategorie, in der übrigens auch die archaische Idee einer verdorbenen Gemeinschaft wieder auflebt, die dem Gottesurteil der Krankheit verfallen ist.

Natürlich werden nicht in allen Schilderungen der »Pest« oder pestähnlicher Krankheiten grelle Stereotype über Krankheit und Kranke transportiert. Der Versuch eines kritischen und historischen Nachdenkens über Krankheit (und Katastrophen überhaupt) wurde im ganzen 18. Jahrhundert unternommen, sagen wir von Defoes *Journal of the Plague Year* (1722) bis zu Alessandro Manzonis *I Promessi Sposi* (1827). Defoes historische Fiktion gibt sich als Augenzeugenbericht der Londoner Beulenpest von 1665. Sie ist nicht geeignet, die Pest als Strafe Gottes oder – später im Text als eine den Menschen verwandelnde Erfahrung zu deuten. Und Manzoni schildert ausführlich den Durchzug der Pest durch das Herzogtum Mailand im Jahre 1630 und verfolgt dabei erklärtermaßen das Ziel, die Vorgänge präziser und weniger verkürzt darzustellen als die von ihm benutzten Geschichtsquellen. Trotzdem perpetuieren auch diese komplexen erzählerischen Gebilde einige der unausrottbaren, vereinfachenden Vorstellungen über die Pest.

Ein typisches Merkmal des üblichen Pestszenarios ist, daß die Krankheit stets von irgendwoher eingeschleppt wird. Die Namen, die man der Syphilis gab, als sie im letzten Jahrzehnt des 15. Jahrhunderts ihren tödlichen Zug durch Europa begann, sind ein exemplarisches Beispiel für das Bedürfnis, eine gefürchtete Krankheit zu einer aus der Fremde kommenden zu machen.* Für die Engländer waren es *French pox*, für die Pariser der *morbus Germanicus*, für die Florentiner das Neapolitanische Leiden, für die Japaner die Chinesische Krankheit. Aber was wie ein Bonmot über die Unvermeidbarkeit des Chauvinismus erscheint, enthüllt eine tiefere Wahrheit: daß eine Verbindung zwischen unserer Vorstellung von Krankheit und unserer Vorstellung von Fremdheit besteht. Vielleicht liegt das am Begriff des Falschen selbst, der archaisch identisch ist mit dem

* Das zeigen bereits die ersten Schilderungen der Krankheit: »Dieses Übel erhielt bei den verschiedenen Völkern, die es heimsuchte, verschiedene Namen«, schreibt Giovanni di Vigo 1514. Wie in früheren Abhandlungen über die Syphilis, die auf lateinisch geschrieben worden waren – von Nicolo Leoniceno (1497) und von Juan Almenar (1502) –, ist auch in der des Giovanni de Vigo von *morbus Gallicus* die Rede, von der französischen Krankheit. ([Englischsprachige] Auszüge aus dieser und anderen Schilderungen aus jener Zeit, darunter auch der des Girolamo Fracastoro von 1530, die erstmals die Bezeichnung *Syphilis* benutzt, finden sich in dem Sammelband *Classic Descriptions of Disease*, herausgegeben von Ralph H. Major, 1932.) Von Anfang an herrschte kein Mangel an moralisierenden Erklärungen. 1495, ein Jahr nach Ausbruch der Epidemie, erließ Kaiser Maximilian ein Edikt, das die Syphilis zur Strafe Gottes für die Sünden der Menschen erklärt. Die Theorie, daß die Syphilis nicht aus einem Nachbarland, sondern von viel weiter her komme, daß sie eine für Europa völlig neue Krankheit, nämlich eine Krankheit der Neuen Welt sei, welche die Seeleute des Kolumbus sich in Amerika zugezogen und in die Alte Welt eingeschleppt hätten – diese Theorie wurde im 16. Jahrhundert zur akzeptierten Erklärung für den Ursprung der Krankheit und hat noch heute viele Anhänger. Es verdient hervorgehoben zu werden, daß die ältesten medizinischen Autoren, die von der Syphilis handelten, diese zweifelhafte Theorie nicht gelten ließen. Leoniceno greift zu Beginn seines *Libellus de Epidemia, quam vulgo morbum Gallicum vocant* die Frage auf, ob »die Franzosenkrankheit unter anderem Namen bei den Alten bekannt war«, und betont, daß dies nach seiner Überzeugung in der Tat der Fall gewesen sei.

Nicht-Wir, dem Anderen oder Fremden. Wer Unreinheit verbreitet, hat immer unrecht, wie Mary Douglas beobachtet hat. Aber auch das Umgekehrte gilt: Wer nach dem Urteil der anderen unrecht hat, wird als – zumindest potentielle – Quelle der Unreinheit betrachtet.

Der fremde Ursprungsort einer wichtigen Krankheit, wie übrigens auch drastischer Wetterveränderungen [Guineatief, Azorenhoch, sibirische Kaltluft – A. d. Ü.], muß nicht weiter entfernt sein als ein benachbartes Land. Krankheit ist eine Art Invasion und wird denn auch oft von Soldaten ins Land getragen. Manzoni beginnt seine Schilderung der Pest von 1630 (*Die Verlobten,* Kap. 31 bis 36) folgendermaßen:

»Die Pest nämlich, deren Einschleppung durch die deutschen Truppen man befürchtet hatte, war wirklich in das mailändische Gebiet gedrungen; und sie drang weiter und verheerte große Teile Italiens.«

[deutsch von Alexander Lernet-Holenia]

Defoes Chronik des Pestjahres 1665 beginnt ähnlich, mit einem Wust betont ernsthafter Spekulationen über die fremde Herkunft der Pest:

»Es war gegen Ende September 1664, als ich mit meinen Nachbarn zusammenstand und, recht beiläufig, erwähnen hörte, daß die Pest in Holland wieder ausgebrochen sei; sie hatte dort nämlich im Jahre 1663 sehr gewütet, besonders in Amsterdam und Rotterdam, wohin sie, heißt es, von Italien oder auch aus der Levante mit irgendwelchen Waren, die die Türkenflotte geladen hatte, eingeschleppt worden war; manche meinten auch, sie sei von Kreta, wieder andere, von Zypern hergebracht worden. Was verschlug es, wo sie herkam! Alle waren sich jedenfalls einig, daß sie in Holland wieder herrschte.«

[deutsch von Werner Barzel]

Die Beulenpest, die in London noch einmal in den 1720er Jahren auftrat, war von Marseille gekommen, der Einfallspforte der Pest nach Westeuropa, wie man im 18. Jahrhundert allgemein glaubte;

Seeleute hatten sie mitgebracht, Soldaten und Händler sie weitergetragen. Im 19. Jahrhundert dachte man sich den fremden Ursprung für gewöhnlich noch exotischer, während man sich die spezifischen Übertragungswege weniger genau ausmalte und die Krankheit selbst zur Phantasmagorie, zum Symbol geworden war.

Am Ende von *Schuld und Sühne* träumt Raskolnikow von der Pest: »Er träumte, die ganze Welt sei zu einer furchtbaren neuen, fremden Plage verurteilt, die aus den Tiefen Asiens nach Europa gekommen war.« Am Anfang des Satzes ist es noch die ganze Welt, die sich am Ende des Satzes als »Europa« herausstellt, getroffen von einer tödlichen Heimsuchung aus Asien. Dostojewskijs Vorbild ist zweifellos die Cholera, genannt »Asiatische Cholera« und lange in Bengalen endemisch, die im 19. Jahrhundert rasch zu einer weltweiten Epidemie geworden und es lange geblieben war. Zu der jahrhundertealten Vorstellung von Europa als einer privilegierten kulturellen Einheit gehört auch die Idee, daß es der Ort ist, der von tödlichen Leiden aus der Fremde kolonisiert wird. Das Abendland, so ist man überzeugt, ist von Rechts wegen frei von Krankheit. (Und erstaunlich gefühllos sind die Europäer mit der Tatsache umgegangen, daß sie selbst – als Invasoren oder Kolonisten – in weit schlimmerem Maße ihre *eigenen* tödlichen Krankheiten in die exotische, »primitive« Welt getragen haben: Man denke nur an die Verwüstung, welche Pocken, Grippe und Cholera unter den Ureinwohnern beider Amerika und Australiens angerichtet haben.) Die Zählebigkeit der Assoziation von gefürchteter Krankheit mit fremdem Ursprung ist einer der Gründe dafür, warum die Cholera, von der es in Europa im 19. Jahrhundert vier große Ausbrüche mit einer immer geringer werdenden Zahl von Opfern gab, noch immer denkwürdiger ist, als es die Pocken sind: Diese richteten zwar im Verlauf des Jahrhunderts immer größere Verwüstungen an (der europäischen Pockenpandemie der frühen 1870er Jahre fielen eine halbe Million Menschen zum Opfer), aber man konnte sie nicht, wie die Pest, als eine Krankheit auffassen, deren Ursprung fern von Europa lag.

Plagen werden nicht mehr, wie in biblischen und antiken Zeiten, »geschickt«, weil die Frage nach dem, der sie schickt, in den Hintergrund getreten ist. Nunmehr werden die Menschen von Plagen

»heimgesucht«. Und Heimsuchungen wiederholen sich, wie der Untertitel von Defoes Bericht als selbstverständlich voraussetzt; ihmzufolge handelt das Buch von dem, »was während der letzten großen Heimsuchung 1665 in London geschah«. Selbst bei Nichteuropäern mag man eine tödliche Krankheit als Heimsuchung bezeichnen. Aber eine Heimsuchung »bei ihnen« ist für den, der sie beschreibt, unfehlbar etwas anderes als eine Heimsuchung »bei uns«. »Ich glaube, daß ungefähr die Hälfte des ganzen Volkes von dieser Heimsuchung dahingerafft wurde«, schrieb der englische Reisende Alexander Kinglake, der zur Zeit der Beulenpest (auch »Orientalische Pest« genannt) nach Kairo gelangte. »Doch beweisen die Orientalen derartigen Schickungen gegenüber mehr ruhige Gelassenheit als die Europäer.« Kinglakes einflußreiches Buch *Eothen* (1844) – mit dem suggestiven Untertitel »Traces of Travel Brought Home from the East [Reisespuren aus dem Osten, der Heimat dargebracht]« – ist ein gutes Beispiel für viele fortdauernde eurozentrische Vorstellungen über andere Menschen, angefangen bei dem Hirngespinst, daß Menschen, die weniger Grund zu der Hoffnung haben, von Unglück verschont zu bleiben, auch eine verminderte Fähigkeit besitzen, Unglück zu *fühlen. So* ist man überzeugt, daß Asiaten (oder die Armen, oder Schwarze, oder Afrikaner, oder Moslems) Schmerz und Leid nicht so stark empfinden wie Europäer (oder Weiße). Die Tatsache, daß Kranksein mit Armsein assoziiert wird – und Arme sind aus der Sicht der Privilegierten Fremde in der eigenen Mitte –, verstärkt die Assoziation von Krankheit mit dem Fremden, dem exotischen, oft primitiven Ort.

In diesem Sinne soll Aids, gleichsam als Probe aufs Exempel des klassischen Pestszenarios, vom »Schwarzen Kontinent« ausgegangen sein, von wo es auf Haiti übergriff, dann auf die USA und auf Europa, dann … Es wird als Tropenkrankheit begriffen: als neue Prüfung aus der sogenannten Dritten Welt, in der schließlich die meisten Menschen der Erde leben, aber auch als Geißel der »traurigen Tropen«. Wenn Afrikaner in so manchen der Spekulationen über die geographische Herkunft von Aids rassistische Stereotype entdecken, so haben sie nicht unrecht. (So wie sie nicht unrecht haben mit der Vermutung, daß es afrikafeindliche Vorurteile in Europa und

Asien schüren muß, wenn man Afrika als Wiege von Aids hinstellt.) Der unterschwellige Bezug zu Vorstellungen von der »primitiven Vergangenheit« Afrikas und die vielen bereits ventilierten Hypothesen über die mögliche Übertragung von Aids durch Tiere (eine Krankheit der Grünen Meerkatze? afrikanische Schweinepest?) aktivieren zwangsläufig Stereotypenmuster über Animalisches, sexuelle Freizügigkeit und Schwarze. In Zaire und anderen Ländern Zentralafrikas, wo Aids derzeit Zehntausende von Menschen tötet, hat bereits die Gegenreaktion begonnen. Viele Ärzte, Akademiker, Journalisten, Regierungsbeamte und andere Gebildete sind der Überzeugung, daß das Aids-Virus aus den USA nach Afrika eingeschleust worden ist, und zwar als ein Akt bakteriologischer Kriegführung (mit dem Ziel einer Verringerung der afrikanischen Geburtenrate), der außer Kontrolle geraten ist und nun auf seine Urheber zurückschlägt. Eine in Afrika weit verbreitete Version bezüglich der Herkunft der Krankheit lautet folgendermaßen: Das Virus ist in einem CIA-Laboratorium in Maryland fabriziert worden, von dort nach Afrika gelangt und durch homosexuelle amerikanische Missionare, die aus Afrika nach Maryland heimkehrten, in sein Ursprungsland zurückgekommen.*

* Dieses Gerücht geht vielleicht nicht auf eine vom KGB gesteuerte »Desinformations«-Kampagne zurück, wurde aber von sowjetischen Propagandaspezialisten weidlich ausgeschlachtet. Im Oktober 1985 veröffentlichte die sowjetische Wochenschrift *Literaturnaja Gaseta* einen Artikel, in dem behauptet wurde, das Aids-Virus sei von der US-Regierung bei Forschungen zur biologischen Kriegführung in Fort Detrick (Maryland) gezüchtet worden und werde im Ausland durch Angehörige der US-Streitkräfte verbreitet, die als Versuchspersonen benutzt worden seien. Als Quelle wurde ein Artikel in der indischen Tageszeitung *Patriot* genannt. Vom englischsprachigen Moskauer Radiosender »Radio Peace and Progress« wiederholt, wurde die Geschichte in der ganzen Welt von Zeitungen und Zeitschriften aufgegriffen. Ein Jahr später zierte sie die Titelseite des konservativen Londoner Massenblattes *Sunday Express.* (»Das Aids-Killervirus ist von amerikanischen Wissenschaftlern in Laboratoriumsversuchen gezüchtet worden, die katastrophal schiefgegangen sind – und bis heute hat man die Sache durch eine gigantische Vertuschungsaktion vor der Welt geheimgehalten.«) Während die meisten amerikanischen Zeitungen die Geschichte im *Sunday Express* stillschweigend übergingen, machte sie praktisch in allen anderen Ländern die Runde. Noch im Sommer 1987 tauchte sie in Zeitungen in Kenia, Peru, Sudan, Nigeria, Senegal und Mexiko auf. Die Politik der Gorbatschow-Ära hat inzwischen zu einem offiziellen Dementi der Unterstellungen durch zwei angesehene Mitglieder der sowjetischen Akademie der Wissenschaften geführt, das Ende Oktober 1987 in der *Iswestija* abgedruckt worden ist. Aber die Geschichte wird noch immer aufgewärmt – von Mexiko bis Zaire, von Australien bis Griechenland.

Anfangs ging man davon aus, daß Aids sich anderswo in derselben katastrophalen Weise ausbreiten müsse, wie es in Afrika aufgetreten war, und diejenigen, die noch immer damit rechnen, daß das eines Tages so kommen wird, beschwören unfehlbar den Schwarzen Tod. Die Pestmetapher ist ein wesentliches Vehikel für die pessimistischste Einschätzung der epidemiologischen Prognose. Von der klassischen Romanliteratur bis zum neuesten Journalismus ist die Standardgeschichte über die Pest eine Geschichte voller Unerbittlichkeit und Unentrinnbarkeit. Die Unvorbereiteten trifft es wie der Blitz aus heiterem Himmel; doch diejenigen, welche die empfohlenen Vorsichtsmaßregeln beachten, werden ebenfalls zu Boden gestreckt. *Alle* müssen daran glauben, wenn die Geschichte von einem allwissenden Erzähler erzählt wird, wie etwa in Poes Parabel *Die Maske des roten Todes* (1842), inspiriert von der Beschreibung eines Pariser Balles während der Choleraepidemie von 1832; *fast* alle, wenn die Geschichte von einem traumatisierten Zeugen erzählt wird, der ein benommener Überlebender bleiben wird, wie in Jean Gionos an Stendhal gemahnendem Roman *Le hussard sur le toit* (1951), worin ein junger italienischer Edelmann im Exil durch das von der Cholera geschlagene Südfrankreich der 1830er Jahre wandert.

Pest gilt unfehlbar als Urteil über die Gesellschaft, und die metaphorische Aufblähung von Aids zu einem solchen Urteil gewöhnt die Menschen auch an die Unvermeidlichkeit seiner weltweiten Verbreitung. Diese Übung hat Tradition bei sexuell übertragenen Leiden: Sie werden als Bestrafung nicht eines einzelnen, sondern einer ganzen Gruppe (»allgemeine Sittenlosigkeit«) verstanden. Nicht nur Geschlechtskrankheiten hat man so dazu benutzt, verbrecherische oder lasterhafte Populationen zu identifizieren. Daß man eine katastrophale Epidemie als Zeichen moralischer Laxheit oder politischen Verfalls deutet, war bis in die zweite Hälfte des 19. Jahrhunderts ebenso verbreitet, wie daß man eine grauenerregende Krankheit mit dem Fremden assoziierte. (Oder mit verachteten und gefürchteten Minderheiten.) Die Zuweisung von Schuld wird auch nicht durch Fälle widerlegt, die nicht passen. Als die Methodistenprediger in England die Choleraepidemie von 1832 mit der Trunksucht in Verbindung brachten (die Temperenzlerbewegung war gerade im Entstehen begriffen), wurden sie nicht so verstanden, als ob nun *jeder*, der die Cholera bekam, ein Trunkenbold sei: Es gibt immer Raum für »unschuldige Opfer« (Kinder, junge Frauen). Auch die Tuberkulose in ihrer Eigenschaft als Krankheit der Armen (und nicht der »Sensiblen«) wurde von Reformern des späten 19. Jahrhunderts mit dem Alkoholismus in Zusammenhang gebracht. Als Reaktion auf Krankheiten, mit denen man Sünde und Armut assoziierte, empfahl sich unweigerlich der Rekurs auf bürgerliche Werte: jene Regelmäßigkeit der Gewohnheiten, Arbeitsamkeit und emotionale Selbstbeherrschung, als deren Haupthindernis die Trunkenheit galt.* Schließlich wurde die Gesundheit selbst mit diesen Werten gleichgesetzt, die nicht nur merkantiler, sondern auch religiöser Art waren: Gesundheit war Beweis der Tugend, wie Krankheit Beweis der Verderbtheit war. Der Satz, daß Reinlichkeit gleich nach Gottesfurcht komme, ist ganz wörtlich zu nehmen. Die Serie der Choleraepidemien im 19. Jahrhundert wird von einem stetigen Rückgang religiöser Interpretationen der Krankheit begleitet; genauer gesagt, existierten neben diesen zunehmend andere Erklärungen. Obwohl die Cholera zur Zeit der Epidemie von 1866 gemeinhin nicht einfach als Strafe Gottes verstanden wurde, sondern als die Folge behebbarer sanitärer Mängel, galt sie noch immer als Geißel der Sünder. Ein Schreiber in der *New York Times* erklärte (22. April 1866): »Cholera ist speziell die Strafe für die Nichtbefolgung der sanitären Gesetze; sie ist der Fluch der Unreinlichen, der Maßlosen und der Verkommenen.«**

Daß eine solche Betrachtungsweise der Cholera oder einer ähnlichen Krankheit heute als unvorstellbar erscheint, signalisiert nicht

* Nach der umfassenderen Diagnose, die weltliche Reformer bevorzugten, war Cholera die Folge unzureichender Ernährung und eines »ungeregelten Sichtreibenlassens«. Das Central Board of Health [Gesundheitsamt] in London erklärte, daß es keine spezifische Behandlung für diese Krankheit gäbe, und riet, auf frische Luft und Reinlichkeit zu achten; freilich: »Die wahren Präventivmittel sind ein gesunder Körper und ein fröhliches, ausgeglichenes Gemüt.« Zitiert bei R. J. Morris, *Cholera 1832* (1976).

** Zitiert bei Charles E. Rosenberg, *The Cholera Years: The United States in 1832, 1849 and 1866* (1962).

eine verminderte Tendenz, über Krankheiten zu moralisieren, sondern nur, daß nun andere Krankheiten zu didaktischen Zwecken dienen. Die Cholera war vielleicht die letzte große epidemische Krankheit, die fast ein Jahrhundert lang für den Status einer Plage qualifiziert war. (Ich meine die Cholera als europäische und amerikanische und damit als Krankheit des 19. Jahrhunderts; bis 1817 hatte es außerhalb des Fernen Ostens nie eine Choleraepidemie gegeben.) Die Grippe, die mehr als jede andere Epidemie in diesem Jahrhundert als Plage erscheinen müßte, wenn die Zahl der Opfer das Hauptkriterium wäre, und die ebenso plötzlich wie die Cholera zuschlug und ebenso schnell wie sie tötete – für gewöhnlich binnen weniger Tage –, ist niemals metaphorisch als Plage gesehen worden. Ebensowenig eine jüngere Epidemie, die Poliomyelitis. Einer der Gründe dafür, daß hier nicht die Vorstellung von Plage im Spiel war, ist der, daß diese Epidemien nicht hinreichend viele jener Eigenschaften aufwiesen, die man Plagen zu allen Zeiten zugeschrieben hat. (So faßte man Polio als typische Erkrankung von Kindern, von Unschuldigen auf. [Vgl. die deutsche Bezeichnung »Kinderlähmung«. – A. d. Ü.]) Der wesentlichere Grund ist jedoch der, daß sich der Fokus einer moralisierenden Ausbeutung von Krankheit verschoben hat. Diese Verschiebung – auf Krankheiten, die als Urteil über den einzelnen gedeutet werden können – macht es schwerer, eine epidemische Krankheit als solche moralisierend auszunutzen. Lange Zeit war Krebs dasjenige Leiden, das dem in Krankheitsmetaphorik verpackten Tadel-, Straf- und Zensurbedürfnis unserer säkularen Kultur am besten entgegenkam. Krebs war eine Krankheit des einzelnen, und man bekam sie nach allgemeinem Verständnis nicht, weil man etwas »getan«, sondern weil man etwas unterlassen hatte (unterlassen, vorsichtig zu sein, »angemessene« Selbstbeherrschung zu üben, seinen Gefühlen »richtig« Ausdruck zu geben). Im 20. Jahrhundert ist es so gut wie unmöglich geworden, über Epidemien zu moralisieren – mit Ausnahme jener, die sexuell übertragen werden.

Die Fortdauer der Überzeugung, daß Krankheit ein Merkmal und eine Strafe für moralische Laxheit oder Verworfenheit ist, kann man auch an etwas anderem sehen, wenn man nämlich darauf achtet, daß auch Gesetzlosigkeit oder Auflösung weiterhin als Krankheit beschrieben werden. So unentbehrlich ist die Pestmetapher für summarische Urteile über eine soziale Krise, daß sie kaum weniger häufig in jenem Zeitraum verwendet wurde, in dem kollektive Krankheiten nicht mehr so moralisierend behandelt wurden – der Zeit zwischen der Grippe- und der Enzephalitisepidemie Anfang und Mitte der 20er Jahre und dem Eingeständnis einer neuen, mysteriösen epidemischen Krankheit Anfang der 80er Jahre – und in dem man große infektiöse Epidemien so oft und so zuversichtlich als etwas proklamierte, das der Vergangenheit angehöre.* Die Pestmetapher war in den 30er Jahren als Synonym für eine soziale und psychische Katastrophe gebräuchlich. Die Beschwörung einer derartigen Pest geht meist mit Jeremiaden und antiliberalen Einstellungen einher: Man denke an das, was Artaud über Theater und Pest gesagt hat oder Wilhelm Reich über die »emotionale Pest«. Eine solche generelle »Diagnose« fördert zwangsläufig das antihistorische Denken. Dämonologie und Theodizee zugleich, stipuliert sie nicht nur etwas als Emblem des Bösen, sondern macht es zugleich zum Träger einer kruden, schrecklichen Gerechtigkeit. In Karel Capeks Drama *Die weiße Krankheit* (1937) befällt die grauenhafte Pestilenz, die in einem faschistisch gewordenen Staat ausgebrochen ist, nur Menschen über vierzig – jene also, die moralisch verantwortlich gemacht werden können.

Am Vorabend der nationalsozialistischen Einverleibung der Tschechoslowakei entstanden, fällt Capeks allegorisches Spiel gewissermaßen aus dem Rahmen – der Gebrauch der Pestmetapher soll die Bedrohung durch das vermitteln, was ein europäischer Liberaler als barbarisch definiert. Das geheimnisvolle, grausige Leiden in dem Stück ist eine Art Lepra, eine rapide, unfehlbar tödliche Lepra, von der vermutet wird, daß sie – natürlich – aus Asien stammt. Doch geht

* Noch 1983 begann der Historiker William H. McNeill, Verfasser von *Plagues and Peoples*, die Rezension einer neuen Geschichte des Schwarzen Todes mit der Behauptung: »Eines der Dinge, die uns von unseren Vorfahren trennen und die Gegenwart von anderen Zeiten grundlegend unterscheiden, ist das Verschwinden der epidemischen Krankheit als eines gravierenden Faktors im menschlichen Leben.« (*The New York Review of Books*, 21. Juli 1983.) Der eurozentrische Dünkel in diesen und vielen ähnlichen Aussagen braucht wohl kaum hervorgehoben zu werden.

es Čapek nicht um die Gleichsetzung des politisch Bösen mit dem Eindringen des Fremden. Um seine didaktischen Ziele zu erreichen, richtet er sein Hauptaugenmerk nicht auf die Krankheit selbst, sondern darauf, wie Wissenschaftler, Journalisten und Politiker über sie informieren. Der berühmteste Spezialist für diese Krankheit setzt sich vor einem Reporter in Szene (»Die Krankheit der Stunde, könnte man sagen! Bislang sind gut fünf Millionen daran gestorben, zwanzig Millionen haben sie schon, und mindestens dreimal so viele gehen fröhlich ihren Geschäften nach und ahnen noch nichts von den murmelartigen, murmelgroßen Flecken auf ihrem Körper«); er tadelt einen Kollegen, weil er die volkstümlichen Ausdrücke »weiße Krankheit« und »Peking-Lepra« benutzt hat und nicht die wissenschaftliche Bezeichnung »Cheng'sches Syndrom«; er träumt davon, wie die Bemühungen seiner Klinik um Identifizierung des Virus und Entwicklung einer Heilbehandlung (»jede Klinik der Welt betreibt ein intensives Forschungsprogramm«) das Ansehen der Wissenschaft fördern und seinem Entdecker den Nobelpreis eintragen werden; er überschlägt sich förmlich, als eine Behandlungsmethode gefunden zu sein scheint (»es war die gefährlichste Krankheit der gesamten Weltgeschichte, noch schlimmer als die Beulenpest«) und entwirft Pläne, die Träger von Symptomen in gutbewachte Internierungslager einzuweisen (»In Anbetracht dessen, daß jeder Krankheitsträger ein potentieller Krankheitsverbreiter ist, müssen wir die Nichtverseuchten vor den Verseuchten schützen. Jede Sentimentalität in dieser Hinsicht ist tödlich und daher kriminell.«). Mag Čapeks Ironie auch als Karikatur wirken, sie zeichnet das nicht unwahrscheinliche Bild einer (medizinischen, ökologischen) Katastrophe als eines manipulierten öffentlichen Ereignisses in der modernen Massengesellschaft. Und so konventionell er auch die Pestmetapher einsetzt: als Vehikel der Vergeltung (zuletzt streckt die Plage den Diktator selbst zu Boden), Čapeks Gespür für die öffentlichen Verhältnisse veranlaßt ihn, in seinem Stück das Verständnis von Krankheit *als* Metapher herauszuarbeiten. Der hervorragende Arzt erklärt, die Errungenschaften der Wissenschaft seien nichts, verglichen mit den Verdiensten des (einen Krieg planenden) Diktators, »der eine weit schlimmere Geißel abgewendet hat: die Geißel der Anarchie, die Lepra der Korruption, die Epidemie der barbarischen Freiheit, die Pest des gesellschaftlichen Zerfalls, die den Organismus unseres Volkes tödlich aussaugt«.

Camus' Roman *Die Pest*, zehn Jahre später erschienen, ist eine weit weniger wörtliche Thematisierung der Pest durch einen anderen großen europäischen Liberalen – so subtil, wie Čapeks *Weiße Krankheit* schematisch. Camus' Roman ist nicht, wie gelegentlich gesagt wird, eine politische Allegorie, in der der Ausbruch der Beulenpest in einem Mittelmeerhafen für die nationalsozialistische Besetzung steht. Diese Plage ist keine Vergeltung. Camus protestiert gegen nichts, weder gegen Korruption noch gegen Tyrannei, nicht einmal gegen die Sterblichkeit. Die Pest ist nichts mehr und nichts weniger als ein exemplarisches Ereignis, das Hereinbrechen des Todes, das dem Leben seinen Ernst gibt. Die Pest bei Camus ist eher Inbegriff als Metapher, distanziert, stoisch, wissend – sie hat nichts von einem Urteil. Doch wie in Čapeks Stück erklären auch die Figuren in Camus' Roman, wie unvorstellbar es ist, im 20. Jahrhundert eine Pest zu haben … als ob die Überzeugung, daß eine solche Kalamität nicht geschehen könne, *nicht mehr* geschehen könne, bedeutet, daß sie nicht geschehen *darf.*

6

Der Ausbruch einer neuen katastrophalen Epidemie, nachdem man doch seit mehreren Jahrzehnten zuversichtlich davon ausgegangen war, daß solche Kalamitäten der Vergangenheit angehörten, würde allein nicht hinreichen, das moralisierende Aufblähen der Epidemie zu einer »Pest« wieder auftreten zu lassen. Es mußte hinzukommen, daß es eine Epidemie war, die im allgemeinen auf sexuellem Wege übertragen wird.

Cotton Mather [amerikanischer Geistlicher und Schriftsteller, 1663–1728] nannte die Syphilis eine Strafe, »die das Gerechte Gericht des Herren unserer Endzeit vorbehalten hat«. Erinnert man sich an diesen und anderen Unsinn, der vom Ende des 15. bis zu Beginn des 20. Jahrhunderts über die Syphilis geäußert worden ist, sollte es einen kaum überraschen, daß viele Leute Aids metaphorisch sehen wollen – als moralisches Urteil über die Gesellschaft, wie die Pest. Professionelle Scharfmacher können sich diese Gelegenheit rhetorisch nicht entgehen lassen, die eine sexuell übertragene Krankheit mit tödlichem Ausgang bietet. Und so hat die Tatsache, daß Aids in jenen Ländern, in denen es erstmals in endemischer Form auftrat, eine überwiegend heterosexuell übertragene Krankheit ist, solche Gralshüter der öffentlichen Moral wie Jesse Helm und Norman Podhoretz nicht daran gehindert, es als eine Heimsuchung hinzustellen, die speziell (und verdientermaßen) wesentlich Homosexuelle trifft, während eine andere Zelebrität der Ära Reagan, Pat Buchanan, über »Aids und moralischen Bankrott« orakelt und Jerry Falwell die generelle Diagnose stellt: »Aids ist das Urteil Gottes über eine Gesellschaft, die nicht nach Seinem Gebot lebt.« Das Erstaunliche ist nicht, daß die Aids-Epidemie auf diese Art ausgebeutet wird, sondern vielmehr, daß dieses scheinheilige Gerede nur aus einer so vorhersagbaren Ecke von Bigotten kommt; der offizielle Diskurs über Aids enthält ausnahmslos Warnungen vor Bigotterie.

Die Erklärungen jener, die behaupten, für Gott zu sprechen, kann man größtenteils als das ölige Geschwätz ad acta legen, das eine sexuell übertragene Krankheit noch immer ausgelöst hat – von Cotton Mathers Urteil bis zu den jüngsten Äußerungen zweier maßgeblicher brasilianischer Kirchenführer, des Bischofs von Brasilia, Falcão, der erklärt hat, Aids sei »die Folge des sittlichen Verfalls«, und des Kardinals von Rio de Janeiro, Eugenio Sales, der es auf beiderlei Art haben will und Aids als »Strafe Gottes« bezeichnet, aber auch als »die Rache der Natur«. Interessanter, weil komplexere Ziele verfolgend, sind die säkularen Verbreiter dieser Art von Invektiven. Autoritäre politische Ideologien haben ein ureigenes Interesse an der Verstärkung von Furcht und dem Gefühl einer unmittelbar drohenden Überwältigung durch Fremde – und reale Krankheiten sind dazu nützliches Material. Epidemische Krankheiten lassen für gewöhnlich den Ruf nach einem Einreisestopp für Ausländer oder Einwanderer laut werden. Fremdenfeindliche Propaganda verunglimpft Einwanderer stets als Träger von Krankheiten (Ende des 19. Jahrhunderts: Cholera, Gelbfieber, Typhus, Tuberkulose). Es scheint logisch, daß die politische Figur in Frankreich mit den extremsten chauvinistischen und rassistischen Ansichten, Jean-Marie Le Pen, die Strategie verfolgt hat, die Angst vor dieser neuen fremden Gefahr zu schüren: Er besteht darauf, daß Aids nicht nur infektiös, sondern kontagiös ist, und fordert landesweite Zwangstests sowie die Quarantäne für jeden Virusträger. Ein gefundenes Fressen ist Aids auch für das gegenwärtige Regime in Südafrika, dessen Außenminister kürzlich erklärt hat (unter Anspielung darauf, daß die Krankheit unter den Bergarbeitern aus benachbarten, rein schwarzen Ländern eingeschleppt worden war): »Heute kommen die Terroristen mit einer Waffe zu uns, die furchtbarer ist als der Marxismus: mit Aids.«

Die Aids-Epidemie gibt eine ideale Projektionsfläche für die politische Paranoia der Ersten Welt ab. Das sogenannte Aids-Virus ist nicht nur die Quintessenz der Invasion aus der Dritten Welt. Es kann für jede beliebige mythologische Bedrohung stehen. In den USA hat Aids bisher weniger ausgesprochen rassistische Reaktionen ausgelöst als in Europa, einschließlich der Sowjetunion, wo man die Herkunft der Krankheit aus Afrika hervorhebt. In den USA ruft Aids ebensosehr die Erinnerung an das Gefühl der Bedrohung durch die Zweite Welt wach, wie die Vorstellung, von der Dritten überrannt zu werden. Moralische Lehren aus der Aids-Epidemie zu ziehen wird, wie nicht anders zu erwarten, in diesem Lande am vehementesten von öffentlichen Stimmen wie Norman Podhoretz gefordert, deren Hauptanliegen die Sorge um die Erhaltung des amerikanischen Wehrwillens, der Rüstungsausgaben und eines unnachgiebigen Antikommunismus ist und die allenthalben Beweise für den Niedergang der politischen und imperialen Autorität Amerikas sehen. Das Wettern gegen die »Schwulenpest« ist Teil einer generellen Klage von Antiliberalen im Westen und vielen Exilanten aus dem russischen Block über zeitgenössische Permissivität auf allen Gebieten: eine mittlerweile vertraute Diatribe gegen den »weichen« Westen mit seinem Hedonismus, seiner vulgären, sexuell aufreizenden Musik, seinem Schwelgen in Drogen und seinem gestörten Familienleben, welche Mißstände ihm den Willen geraubt haben, dem Kommunismus die Stirn zu bieten. Aids ist das Lieblingsanliegen jener, die ihr politisches Programm in Fragen der Gruppenpsychologie übersetzen: der nationalen Selbstachtung und Selbstgewißheit. Zwar beharren diese Spezialisten für häßliche Gefühle darauf, daß Aids die Strafe für abweichendes Sexualverhalten sei, aber was sie im Grunde umtreibt, ist nicht nur, und nicht einmal in erster Linie, ihre Homophobie. Noch wichtiger ist die Nützlichkeit von Aids für eines der Hauptziele der sogenannten Neokonservativen: den Kulturkampf [deutsch im amerikanischen Original – A. d. Ü.] gegen alles, was man kurz (und ungenau) »die 60er Jahre« nennt. Eine ganze Politik des »Willens« – der Intoleranz, des Verfolgungswahns, der Furcht vor politischer Schwäche – macht sich an dieser Krankheit fest.

Aids eignet sich so vortrefflich zur Erregung von vertrauten, konsenserzeugenden Ängsten, wie sie seit mehreren Generationen kultiviert worden sind, etwa der Angst vor »Subversion« – wie auch von Ängsten, die erst neuerdings aufgekommen sind, wie der vor unkontrollierbarer Verschmutzung und einer nicht abreißenden Einwanderungswelle aus der Dritten Welt –, daß es wohl unvermeidlich war, sich in dieser Gesellschaft Aids als etwas Totales, Zivilisationsgefährdendes vorzustellen. Und wenn man die metaphorische Geltung der Krankheit dadurch aufwertet, daß man die Furcht vor ihrer leichten Übertragbarkeit, ihrer bevorstehenden Ausbreitung lebendig erhält, so mindert das nicht ihren Status, im wesentlichen die Konsequenz unerlaubter Handlungen (oder ökonomischer und kultureller Rückständigkeit) zu sein. Daß Aids die Strafe für abweichendes Verhalten ist und daß es die Unschuldigen bedroht – diese beiden Vorstellungen stehen kaum in Widerspruch zueinander. Hierin liegt die ungeheure Potenz und Wirksamkeit der Pestmetapher: Sie erlaubt, eine Krankheit als etwas zu betrachten, das sich anfällige »Andere« zuziehen, und gleichzeitig als (potentielle) Krankheit eines jeden.

Immerhin ist es *eine* Sache, zu betonen, daß die Krankheit jedermann bedrohe (weil man Angst erregen und Vorurteile bestätigen will), aber eine ganz andere, zu behaupten (weil man Vorurteile zerstreuen und Stigmatisierungen abbauen will), daß Aids letzten Endes, direkt oder indirekt, alle betrifft. Neuerdings rücken dieselben Mythologen, die bisher so begierig waren, Aids für ihre ideologische Mobilmachung gegen abweichendes Verhalten zu benutzen, von den schlimmsten, Panik erzeugenden Schätzungen über das Leiden ab. Sie gehören nun zu jenen, die am nachdrücklichsten darauf insistieren, daß die Infektion *nicht* auf die »allgemeine Bevölkerung« übergreifen werde, und haben sich darauf verlegt, »Hysterie« und »Panikmache« in bezug auf Aids zu verurteilen. Hinter der nun in ihren Augen übertriebenen öffentlichen Aufmerksamkeit, die der Krankheit zuteil werde, wittern sie den Wunsch, eine allmächtige Minorität durch das Anerkenntnis zu besänftigen, daß »ihre« Krankheit auch »unsere« sei – ein neuer Beweis für das Vorherrschen der bösen »liberalen« Werte und für den geistigen Niedergang Amerikas. Aids zum Problem aller und damit zu einem Thema zu machen, über das alle aufgeklärt werden müssen – so die antiliberalen Aids-Mythologen –, pervertiert unseren Sinn für den Unterschied zwischen »uns« und »ihnen«, ja exkulpiert »sie« oder macht doch moralische Urteile über »sie« irrelevant. (In derartigen Tiraden wird nach wie vor Aids fast ausschließlich mit Homosexualität gleichgesetzt, speziell mit der Praxis des Analverkehrs.) »Ist Amerika zu einem Land geworden, in dem man in der Schule nicht mehr die Zehn Gebote durchnehmen darf, während die Aufklärung der Lehrer über sicheren Analverkehr obligatorisch ist?« will Pat Buchanan wissen, unter Protest gegen den »törichten« Vorschlag im Bericht der vom Präsidenten eingesetzten Aids-Kommission unter Vorsitz Admiral Watkins' die Diskriminierung von Menschen mit Aids gesetzlich zu verbieten. Nicht die Krankheit selbst ist zur Hauptzielscheibe geworden, sondern die Appelle von höchstamtlicher Seite, »Vorurteil und Furcht zu überwinden und Mitleid zu üben« (so der Watkins-Report); lassen sie doch darauf schließen, daß diese Gesellschaft nicht mehr die Kraft (oder die Bereitschaft) zur Bestrafung und Aussonderung durch Urteile über sexuelles Verhalten besitzt.

Mehr als der Krebs, aber ähnlich wie die Syphilis scheint Aids das verhängnisvolle Hirngespinst einer Krankheit zu fördern, die individuelle wie soziale Anfälligkeiten markiert. Das Virus dringt in den

Körper ein; die Krankheit (oder in der neuen Version: die Furcht vor der Krankheit) wird als Invasion der ganzen Gesellschaft beschrieben. Ende 1986 äußerte sich Präsident Reagan über Aids, es breite sich – natürlich »heimtückisch« – »in allen Teilen unserer Gesellschaft aus«*. Doch während Aids den Vorwand für das Ventilieren düsterer Andeutungen über das Gemeinwesen liefert, muß es wohl als politische Metapher für innere Gegner erst noch glaubwürdig werden, selbst in Frankreich, wo Aids – französisch *le sida* – schon früh das Arsenal politischer Invektiven bereichert hat. Le Pen hat einige seiner Widersacher als *»sidatique«* (»Aids-behaftet«) abqualifiziert, und der antiliberale Polemiker Louis Pauwels sagte von den Gymnasiasten, die im letzten Jahr streikten, sie litten an »geistigem Aids« (*sont atteint d'un sida mental*). Auch als Metapher für das internationale politische Böse hat sich Aids als nicht besonders brauchbar erwiesen. Zwar konnte sich Jeanne Kirkpatrick bei einer Gelegenheit nicht enthalten, den internationalen Terrorismus mit Aids zu vergleichen, doch sind solche Ausrutscher selten – wohl deshalb, weil sich für diesen Zweck die Krebsmetapher als so fruchtbar erwiesen hat.

Das heißt nicht, daß Aids nicht, absurderweise, als Metapher benutzt würde, sondern nur, daß Aids ein anderes metaphorisches Potential hat als Krebs. Wenn der Filmregisseur in Alain Tanners Film *La Vallée Fantôme* (1987) sinniert: »Kino ist wie Krebs«, um sich dann zu korrigieren: »Nein, Kino ist ansteckend, eher wie Aids«, dann wirkt dieser Vergleich tapsig-befangen und entschieden als Verharmlosung von Aids. Nicht daß es ansteckend ist, sondern seine charakteristische Latenz macht eine treffendere Verwendung von Aids als Metapher möglich. So hat der palästinensische Schriftsteller Anton Shammas kürzlich in der Jerusalemer Wochenschrift *Kol Ha'ir* in einem Anfall von medizinisch-sexuell-politischem Phantasieren über die israelische Unabhängigkeitserklärung von 1948 gesagt, sie sei

* Reagans phrasenhafte Bestätigung der furchtbaren Realität einer Krankheit anderer kontrastiert mit seiner eigenen, originelleren Leugnung der Realität seiner eigenen Krankheit. Gefragt, wie er sich nach seiner Krebsoperation fühle, erklärte er: »Ich habe keinen Krebs gehabt. Ich hatte irgendwas in mir, was Krebs gehabt hat und was jetzt entfernt worden ist.«

»das Aids des ›jüdischen Staates im Lande Israel‹, das nach langer Inkubationszeit Gush Emunim [›Bund der Getreuen‹, radikale Siedlerbewegung – A. d. Ü.] und … [Rabbi Meir] Kahane hervorgebracht hat. Dort hat alles angefangen, und dort wird alles enden. Aids befällt, wie ich ungeachtet meiner Sympathie für Homosexuelle leider feststellen muß, hauptsächlich Monoerotiker, und ein mononationaler jüdischer Staat birgt per definitionem den Keim der eigenen Vernichtung in sich: den Zusammenbruch des politischen Immunsystems, das wir Demokratie nennen … Rock Hudson, der einmal so schön war wie ein Palmachnik, liegt jetzt, lange nach der Auflösung des Palmach, im Sterben. In der Tat, er war einmal schön, der Staat Israel (für die Juden, versteht sich) …«

Noch vielversprechender als der Zusammenhang von Aids und Latenz sind seine Möglichkeiten als Metapher für Kontamination und Mutation. Krebs ist noch immer die gängige Metapher für das, was man fürchtet oder beklagt, mag auch die Krankheit selbst einen Teil ihres Schreckens verloren haben. Falls Aids einmal ähnlichen Zwecken dienen kann, dann nicht nur deshalb, weil es invasiv ist (das ist Krebs auch) oder weil es ansteckend ist, sondern aufgrund der besonderen Vorstellungen, die das Virus auslöst.

Die Virologie liefert ein neues Bündel medizinischer Metaphern, die mit Aids nichts zu tun haben, aber trotzdem die Aids-Mythologie verstärken. Schon Jahre vor Aids hat William Burroughs orakelt und Laurie Anderson nachgebetet: »Die Sprache ist ein Virus.« Und immer häufiger wird Gebrauch von viralen Erklärungsweisen gemacht. Bis vor kurzem waren die meisten jener Infektionserkrankungen, die als viral galten, solche, die, wie Tollwut und Grippe, sehr schnell ausbrachen. Doch die Kategorie der langsam ablaufenden Virusinfektionen nimmt zu. Viele progressive und generell tödliche Störungen des Zentralnervensystems und manche altersbedingten degenerativen Erkrankungen des Hirns sowie die sogenannten Autoimmunkrankheiten stehen heute im Verdacht, schleichende Viruserkrankungen zu sein. (Daneben häufen sich weiterhin die Anzeichen für eine virale Verursachung zumindest einiger Krebserkrankungen beim Menschen.) Verschwörungsvorstellungen lassen sich trefflich übersetzen in Metaphern von unversöhnlichen, heimtückischen, unendlich geduldigen Viren. Im Gegensatz zu Bakterien, die relativ komplexe Organismen sind, werden Viren als eine überaus primitive Lebensform beschrieben. Gleichzeitig ist aber ihre Wirkungsweise weit komplexer als diejenige der »Bazillen« in früheren Infektionsmodellen. Viren sind nicht einfach Träger der Infektion oder Kontamination. Vielmehr transportieren sie genetische »Information«, transformieren Zellen. Und sie selbst – viele von ihnen – mutieren weiter. Während das Pockenvirus anscheinend seit Jahrhunderten konstant bleibt, entwickeln sich die Grippeviren so rapide fort, daß die Impfstoffe Jahr für Jahr modifiziert werden müssen, um mit den Veränderungen in der »Hülle« des Virus Schritt halten zu können.* Das Virus, oder genauer gesagt: die Viren, die man für die Ursache von Aids hält, sind mindestens ebenso mutabel wie die Grippeviren. »Virus« ist denn auch zum Synonym für Veränderung geworden. Als Linda Ronstadt kürzlich erläuterte, warum sie lieber mexikanische Volksmusik als Rock 'n' Roll macht, meinte sie: »Die einzige Tradition, die wir in der zeitgenössischen Musik haben, ist der Wandel. Mutieren, wie ein Virus ...«

Falls »Pest« als Metapher noch eine Zukunft hat, dann dank des immer geläufiger werdenden Bildes vom Virus. (Vielleicht wird man in Zukunft überhaupt in keiner bakteriell verursachten Krankheit eine »Pest« sehen.) Information selbst, heute engstens verbunden mit der Kapazität der Computer, ist durch etwas bedroht, was man mit einem Virus vergleicht. Piratenprogramme, sogenannte Software-Viren, zeigen ein analoges Verhalten wie biologische Viren (die den genetischen Code von Teilen eines Organismus erfassen und den Transfer fremden genetischen Materials bewirken kön-

* Der Grund dafür, daß ein Impfstoff als optimale Reaktion auf Viren gilt, hängt mit der »Primitivität« der Viren zusammen. Bakterien haben viele Stoffwechselunterschiede zu Säugetierzellen und können sich außerhalb der Zellen ihres Wirts reproduzieren; das macht es möglich, Substanzen zu suchen, die spezifisch auf die Bakterien wirken. Bei Viren, die sich mit den Wirtszellen verbinden, ist es viel schwieriger, virale Funktionen von normalen Zellfunktionen zu unterscheiden. Die Hauptstrategie bei der Bekämpfung von Virusinfektionen ist daher die Entwicklung von Impfstoffen, die das Virus nicht direkt »angreifen« (wie das Penizillin die infektiösen Bakterien), sondern einer Infektion »vorbeugen«, indem sie das Immunsystem schon im voraus aktivieren.

nen). Solche Programme werden vorsätzlich auf eine Diskette praktiziert, die im Computer benutzt oder eingeführt werden soll, und kopieren sich, sobald der Computer über Telefon oder Datenverbund mit anderen Rechnern kommuniziert, selbsttätig in das Betriebssystem des Computers. Genau wie ihre biologischen Namensvettern erzeugen sie nicht sofort Anzeichen einer Schädigung des Computerspeichers, wodurch das nunmehr »infizierte« Programm Gelegenheit hat, auf andere Computer überzugreifen. Solche Metaphern aus der Virologie, z. T. angeregt durch die permanente Diskussion über Aids, tauchen jetzt allenthalben auf. (Das Virus, das 1987 einen ansehnlichen Datenbestand des studentischen Rechenzentrums der Lehigh University in Bethlehem [Pennsylvania] vernichtete, erhielt den Namen »PC-Aids«. In Frankreich sprechen Computerfachleute bereits vom Problem des *sida informatique.)* Und sie verstärken das Gefühl der Allgegenwart von Aids.

Vielleicht ist es nicht verwunderlich, daß das neueste, alles verwandelnde Element der modernen Welt, der Computer, seine Metaphorik von der neuesten, alles verwandelnden Krankheit bezieht. Ebensowenig verwunderlich ist es, daß Schilderungen über den Verlauf der Virusinfektion jetzt oft ein Echo der Sprache des Computerzeitalters sind, etwa wenn gesagt wird, daß ein Virus normalerweise »neue Kopien von sich selbst« herstelle. Zusätzlich zu den mechanistischen Beschreibungen verstärkt diese Art der animistischen Charakterisierung von Viren – lauernde Gefahr, mutabel, heimlich, biologisch innovativ – den Eindruck, daß eine Krankheit etwas Erfinderisches, Unberechenbares, Neuartiges sein kann. Diese Metaphern stehen im Zentrum eines Denkens über Aids, das diese Krankheit gegen andere, als pestartig geltende abhebt. Mögen die Ängste, die Aids verkörpert, auch alt sein: mit ihm ist das unerwartete Ereignis einer völlig neuen Krankheit – sozusagen eines neuen Urteils – eingetreten, und das trägt zum Grauen bei.

7

»Einige werden es nicht zulassen, daß irgendeine Krankheit neu sein soll, andere glauben, daß viele alte verschwunden seien; und daß solche, die für neu gelten, nur ihre Zeit haben: dennoch, die Gnade Gottes hat den großen Haufen der Krankheiten verstreut, und nicht ein einziges Land mit allen beladen: einige mögen neu in einem Lande sein, die im anderen alt waren. Neue Entdeckungen auf der Erde entdecken neue Krankheiten ... und wenn Asien, Afrika und Amerika das Ihre beisteuern wollten, so würde die Büchse Pandoras anschwellen, und es müßte eine gar seltsame Pathologie ergeben.« (Sir Thomas Browne, *Brief an einen Freund, aus Anlaß des Todes seines engen Freundes*)

Natürlich ist kaum anzunehmen, daß Aids, das erstmals Anfang der 80er Jahre identifiziert wurde, eine neue Krankheit ist. Höchstwahrscheinlich war das Virus schon eine ganze Weile vorhanden, und zwar nicht nur in Afrika, obwohl die Krankheit erst jüngst (und in Afrika) epidemische Ausmaße erreicht hat. Aber für das allgemeine Bewußtsein ist es eine neue Krankheit, und für die Medizin auch: Aids bezeichnet einen Wendepunkt in den gegenwärtigen Einstellungen zu Krankheit und Medizin, aber auch zu Sexualität und Katastrophe. Die Medizin hatte man bisher als jahrhundertealten Feldzug betrachtet, der sich seinem siegreichen Ende näherte. Das Auftreten einer neuen epidemischen Krankheit, nachdem man doch seit einigen Jahrzehnten zuversichtlich davon ausgegangen war, daß derartige Kalamitäten der Vergangenheit angehörten, hat zwangsläufig den Status der Medizin verändert. Das Aufkommen von Aids hat deutlich gemacht, daß die Infektionskrankheiten keineswegs besiegt sind oder ausgedient haben.

Die Medizin hatte die Sitten verändert. Die Krankheit verändert sie wieder zurück. Empfängnisverhütung und die Beteuerungen der Medizin, daß sexuell übertragene Krankheiten (und fast alle Infektionskrankheiten) problemlos zu heilen seien, hatten es möglich gemacht, in der Sexualität ein Abenteuer ohne Folgen zu sehen. Jetzt zwingt uns Aids dazu, bei Sex daran zu denken, daß er möglicherweise die übelsten Folgen haben kann: Selbstmord. Oder Mord. (Einen Vorgeschmack auf die Verkehrung der Lust in Gefahr gab es in der weit verbreiteten Herpespanik in den USA Anfang der 80er Jahre – dabei ist Herpes in den meisten Fällen bloß häßlich, eine erotische Disqualifikation.) Die Furcht vor Aids gibt einem Akt, dessen Ideal reine Gegenwärtigkeit (und das Zeugen von Zukunft) ist, einen Bezug zur Vergangenheit, den man nur zu seinem eigenen Schaden ignoriert. Die Sexualität entrückt ihre Partner nicht mehr, sei es auch nur augenblicksweise, dem Sozialen. Sie kann nicht mehr einfach als Paarung gedacht werden; sie ist eine Kette, eine Kette von Übertragungen, die in die Vergangenheit zurückreicht. »Also denken Sie daran: Wenn jemand Sex hat, dann nicht bloß mit diesem Partner, sondern mit jedem Partner dieses Partners in den vergangenen zehn Jahren«, lautet eine rührend geschlechtsneutrale Aussage des Gesundheitsministers Dr. Otis R. Bowen aus dem Jahre 1987. Aids enthüllt jede andere als die langfristige monogame Sexualität als promisk (und also riskant) und auch als deviant, denn alle heterosexuellen Beziehungen sind auch homosexuelle zweiten Grades.

Furcht vor der Sexualität ist eine neue, der Krankheit verdankte Erweiterung des Universums der Furcht, in dem wir heute alle leben. Die Krebsphobie lehrte uns die Furcht vor einer verunreinigenden Umwelt; jetzt haben wir die Furcht vor verunreinigenden Menschen, die die Aids-Angst unweigerlich verbreitet. Furcht vor dem Abendmahlskelch, Furcht vor Operationen: Furcht vor verseuchtem Blut, sei es das Blut Christi oder das deines Nächsten. Das Leben selbst – Blut, Sexualflüssigkeit – ist der Träger der Verseuchung. Diese Flüssigkeiten sind potentiell tödlich. Lieber sich enthalten! Die Leute konservieren ihr eigenes Blut, für künftige Fälle. Der Inbegriff altruistischen Verhaltens in unserer Gesellschaft, das anonyme Spenden von Blut, ist kompromittiert, da niemand sich über das erhaltene anonyme Blut sicher sein kann. Aids hat nicht nur den unseligen Effekt, das amerikanische Moralisieren über Sexualität zu verstärken; es stärkt auch jener Kultur des Eigennutzes den Rücken, die im allgemeinen als »Individualismus« gepriesen wird. Der

Eigennutz bekommt zusätzlichen Aufwind als simple medizinische Vorsicht.

Alle rapiden Epidemien, auch jene, bei denen es keinen Verdacht auf sexuelle Übertragung und keine Schuldzuweisung an den Kranken gibt, lassen ziemlich vergleichbare Praktiken des Vermeidens und Ausgrenzens entstehen. Bei der Grippepandemie von 1918/19 – Grippe ist eine extrem leicht (durch Tröpfcheninfektion) übertragbare Viruserkrankung des Respirationstrakts – wurde den Menschen geraten, einander nicht die Hand zu geben und beim Küssen ein Taschentuch vor den Mund zu halten. Polizeibeamte wurden angewiesen, eine Gazemaske anzulegen, bevor sie ein Haus mit Grippekranken betraten, und viele Polizisten tun das noch heute, wenn sie Verhaftungen in den tiefsten Slums vornehmen, da Aids in den USA mehr und mehr eine Krankheit der städtischen Armen, zumal der Schwarzen und der Latinos, geworden ist. Viele Friseure und Zahnärzte trugen Mundschutz und Handschuhe, wie es Zahnärzte heute auch tun. Aber die große Grippeepidemie, die zwanzig Millionen Menschen dahinraffte, war eine Sache von fünfzehn Monaten. Bei einer Zeitlupenepidemie gewinnen dieselben Vorkehrungen ein Eigenleben. Sie werden zum Bestandteil des sozialen Sittenkodex, nicht eine Praxis, die man für eine kurze Periode des Notstandes beachtet und dann wieder ablegt.

Bei einer Epidemie, für die auf absehbare Zeit kein Impfstoff und erst recht keine Heilung in Sicht ist, spielt Vorbeugung eine größere Rolle im Bewußtsein. Doch Kampagnen, welche die Bevölkerung vor einer Erkrankung schützen sollen, treffen bei Krankheiten, die venerisch übertragen werden, auf viele Schwierigkeiten. Bei amerikanischen Gesundheitskampagnen hat man sich immer geziert, Informationen über Methoden des »safer sex« zu geben. Der *U.S. Guide for Schools*, Ende 1987 vom amerikanischen Unterrichtsministerium herausgegeben, weigert sich praktisch, Möglichkeiten der Risikominderung zu erörtern, und empfiehlt Enthaltsamkeit als besten Weg, sich vor Aids zu schützen. Das erinnert an die Belehrungen, die man den amerikanischen Soldaten im Ersten Weltkrieg erteilte: daß Keuschheit nicht nur der einzige Schutz vor Syphilis, sondern auch ein Stück patriotische Pflicht im Kampf gegen die

Hunnen [Deutsche] sei.* Man hat den Eindruck, über Kondome und saubere Nadeln zu sprechen sei gleichbedeutend mit der stillschweigenden Duldung und Begünstigung von unerlaubtem Geschlechtsverkehr und illegalen Drogen. (Was in gewissem Umfang stimmt. Die Aufklärung darüber, wie man kein Aids bekommt, impliziert in der Tat Einblick in die unausrottbare Vielfalt des Ausdrucks sexueller Gefühle, und daher Toleranz für sie.) Europäische Gesellschaften neigen auf der Ebene öffentlicher Unterrichtung weniger zu sexueller Heuchelei, und so wird es bei ihnen kaum vorkommen, daß man den Menschen Keuschheit anempfiehlt, wenn man sie zur Vorsicht mahnen will. »Vorsicht. Aids.« Und: »Aids. Stirb nicht an Unwissenheit.« Die konkrete Bedeutung dieser allgemeinen Aufforderungen, die man seit mehreren Jahren überall in Westeuropa an Plakatwänden und in Fernsehspots sehen kann, lautet: Nimm Kondome. Doch alle diese Botschaften über Wachsamkeit und Aufgeklärtheit haben noch einen tieferen Sinn, der die Akzeptanz derartiger Gesundheitswerbung auch in den USA fördern wird. Um ein Ereignis real zu machen, muß man es u. a. *aussprechen*, immer und immer wieder. In diesem Falle bedeutet das Immer-wieder-aussprechen, den Menschen Risikobewußtsein und die Notwendigkeit der Vorsicht als solche beizubringen – vor und jenseits jeder spezifischen Empfehlung.

Natürlich gähnt eine weite Kluft zwischen der zeitlosen offiziellen Heuchelei und der modischen Libertinage der letzten Jahrzehnte. Die Auffassung, daß sexuell übertragene Erkrankungen nicht tragisch seien, erreichte ihren Höhepunkt in den 70er Jahren; zur selben Zeit konstituierten sich auch viele männliche Homosexuelle als

* Die Kehrseite der Weigerung, Aufklärung über weniger riskante Praktiken zu geben, war das Gefühl, daß es unmännlich sei, das eigene Sexualleben an den Maßstäben von Sicherheit und Vorsicht auszurichten. Nach dem Phantasma Hemingways im *Tod am Nachmittag* (1973) war »Syphilis« [...] im Mittelalter die Krankheit der Kreuzfahrer. Man sagt, sie hätten sie nach Europa gebracht, aber es ist die Krankheit von allen Leuten, die ein Leben führen, in dem ein Außerachtlassen der Folgen gang und gäbe war. Es ist eine Berufskrankheit, die all die erwartet, die ein unregelmäßiges Geschlechtsleben führen und die ihrer ganzen Denkart nach lieber etwas riskieren als Schutzmittel benutzen, und es ist ein zu erwartendes Ende oder vielmehr eine Phase des Lebens aller Hurer, die ihre Laufbahn lange genug fortsetzen.« [Deutsch von Annemarie Horschitz-Horst, rororo 920.]

eine Art ethnische Gruppe – eine Gruppe, deren kennzeichnender folkloristischer Brauch ihre sexuelle Unersättlichkeit war –, und die Einrichtungen der großstädtischen Homosexuellenszene wurden zu einem sexuellen Umschlagplatz von beispielloser Rasanz, Effizienz und Größe. Die Furcht vor Aids zwingt zu einer bedeutend bescheideneren Appetitbefriedigung, und das nicht nur bei homosexuellen Männern. Für die amerikanische Mittelschicht gehört heute das sexuelle Verhalten vor 1981 zu einem verlorenen Zeitalter der Unschuld – Unschuld im Gewande der Unmoral, versteht sich. Nach zwei Jahrzehnten sexueller »Verausgabung«, sexueller Spekulation und sexueller Inflation befinden wir uns nun in der Anfangsphase einer sexuellen Depression. Schon hat man den Rückblick auf die sexuelle Kultur der 70er Jahre verglichen mit dem Rückblick auf das »jazz age« nach dem Börsenkrach von 1929.

Ein Bündel von Botschaften der Gesellschaft, in der wir leben, lautet: Verbrauche. Wachse. Tu, was dir Spaß bringt. Amüsiere dich. Das Funktionieren des Wirtschaftssystems, das uns diese beispiellosen Freiheiten beschert hat – lieb geworden vor allem in Form von physischer Mobilität und materieller Prosperität –, beruht darauf, die Menschen zu ermutigen, keine Grenzen anzuerkennen. Appetit *soll* unmäßig sein. Die Ideologie des Kapitalismus macht uns alle zu Feinschmeckern der Freiheit – der unbegrenzten Expansion des Möglichen. Fast jede Art von Einsatz für etwas verspricht zunächst einmal einen Zuwachs an Freiheit. Natürlich nicht jeder Freiheit. In reichen Ländern wird Freiheit mehr und mehr mit »persönlicher Erfüllung« gleichgesetzt – eine Freiheit, die man allein (oder für sich) genießt oder ausübt. Daher ein Großteil des jüngsten Diskurses über den Körper, der wieder als Instrument gedacht wird, mit dem verschiedene Programme der Selbststeigerung, der Stärkung der eigenen Kräfte verwirklicht werden. Wie hätte Sexualität, angesichts der Konsum-Imperative und der unreflektierten Verherrlichung des »Selbst-Ausdrucks«, nicht zu einer Verbraucherentscheidung werden sollen: eine Übung in Freiheit, in erhöhter Mobilität, in Grenzerweiterung. Der risikolose Freizeit-Sex ist schwerlich eine Erfindung der männlichen Homosexuellen-Subkultur, sondern eine unvermeidliche Neuerfindung der Kultur des Kapitalismus, abgesegnet auch von der Medizin. Das Aufkommen von Aids scheint all dies geändert zu haben – unwiderruflich.

Aids verstärkt jene ganz anderen, aber komplementären Botschaften, die in dieser Gesellschaft zunehmend von Leuten gehört werden, die sich daran gewöhnt hatten, sich ihre Vergnügungen selbst zu besorgen; immer mehr verschreiben sich Programmen der Selbstkontrolle und der Selbstzucht (Diät, Sport). Zügle deine Gelüste. Achte auf dich selbst. Laß dich nicht gehen. Schon längst hat man gewissen Gelüsten Grenzen gesetzt, im Namen der Gesundheit oder der Erreichung eines idealen körperlichen Aussehens – freiwillige Grenzen, eine Übung in Freiheit. Die Katastrophe Aids suggeriert die unmittelbare *Notwendigkeit* der Beschränkung, des Zwangs für Körper und Gewissen. Aber die Reaktion auf Aids ist mehr als eine Re-Aktion, mehr als die ängstliche und daher angemessene Antwort auf eine sehr reale Gefahr. Sie drückt auch einen positiven Wunsch aus, den Wunsch nach strafferer Zügelung der Lebensführung. Es gibt in unserer Kultur eine breite Tendenz, eine Endzeitstimmung, die durch Aids verstärkt wird; bei vielen eine Erschöpfung rein säkularer Ideale – Ideale, die die Libertinage zu ermutigen oder jedenfalls keine konsequente Absage an sie zu liefern schienen –, worin auch die Reaktion auf Aids ihren Platz hat. Das Verhalten, das durch Aids stimuliert wird, ist Teil einer größeren, dankbar angenommenen Rückkehr zu dem, was als »Konventionen« angesehen wird, wie die Rückkehr zu Figur und Landschaft, Tonalität und Melos, Handlung und Held, nebst manch anderer vielgepriesener Abkehr von der schwierigen Moderne in der Kunst. Das Ermatten des Imperativs der Promiskuität bei der Mittelschicht, der Aufstieg des Ideals der Monogamie, eines vorsichtigen Sexuallebens, ist in – beispielsweise – Stockholm mit seiner winzigen Zahl an Aids-Fällen ebenso bemerkbar wie in New York, wo die Krankheit, ohne Übertreibung gesagt, epidemische Ausmaße erreicht hat. Die Reaktion auf Aids, mag sie teilweise auch völlig rational sein, nährt verbreitete, schon in den 70er Jahren verstärkt aufgekommene Zweifel an vielen Idealen (und Wagnissen) der aufgeklärten Moderne; und der neue sexuelle Realismus geht einher mit der neuentdeckten Freude an tonaler Musik, an Bouguereau [französischer

Maler, 1825–1905], einer Laufbahn als Investment-Banker und kirchlichen Trauungen.

Die wachsende Panik über die Risiken einer kommerzialisierten Freizeit-Sexualität dürfte die Anziehungskraft anderer Arten des Konsums schwerlich schmälern: In einem Hamburger Gebäude sollen Boutiquen die Lücken füllen, die das aufgelöste Eros-Center hinterlassen hat. Sexueller Austausch soll nur nach sorgfältiger Überlegung erfolgen. Der routinemäßige Konsum von Drogen zur Leistungssteigerung bei geistiger Arbeit und beim Small talk (was in den 70er Jahren ebenfalls anstieg, war der bürgerliche Kokainverbrauch) hat zur Herbeiführung der neuen Enthaltsamkeit und einer schwindenden sexuellen Spontaneität bei so vielen Gebildeten der 80er Jahre beigetragen. Maschinen liefern neue, beliebte Methoden, Lust zu wecken und sie zugleich so sicher, so mental wie möglich zu halten: die kommerziell organisierte Aufgeilung per Telefon (und in Frankreich durch »Minitel«) als Version eines anonymen, promisken Sex ohne den Austausch von Flüssigkeiten. Und die Bedenken gegen »Kontakte« haben heute auch ihren Platz in der Computerwelt. Computeranwendern wird geraten, jedes neue Stück Software als »potentiellen Träger« eines Virus zu betrachten. »Legen Sie niemals eine Diskette ein, deren Herkunft Sie nicht geprüft haben!« Die im Handel befindlichen sogenannten »Impfprogramme« sollen einen gewissen Schutz bieten; aber die einzig sichere Methode, der Gefahr von Computerviren zu begegnen, besteht nach einhelliger Ansicht von Fachleuten darin, mit niemandem Programme und Daten zu tauschen. Der Kultur des Konsums mag es sogar zugute kommen, wenn man die Konsumenten aller möglichen Waren und Dienstleistungen ermahnt, vorsichtiger und selbstsüchtiger zu sein. Denn diese Ängste bedingen die verstärkte Erzeugung von Waren und Dienstleistungen.

8

Die Epidemien besonders furchteinflößender Krankheiten lösen immer einen Aufschrei gegen Großzügigkeit oder Toleranz aus, die nun als Laxheit, Schwäche, Gesetzlosigkeit, Auflösung, als – ungesund gelten. Es wird gefordert, die Menschen »Tests« zu unterwerfen, die Kranken sowie die der Krankheit oder ihrer Übertragung Verdächtigen zu isolieren und Barrieren gegen die wirkliche oder imaginäre Verseuchung durch Ausländer zu errichten. Gesellschaften, die ohnehin bereits als Garnison geführt werden, wie China (mit einer winzigen Anzahl entdeckter Fälle) oder Kuba (mit einer signifikanten Anzahl bereits Erkrankter) reagieren rascher und kategorischer. Aids ist jedermanns Trojanisches Pferd: Sechs Monate vor den Olympischen Sommerspielen 1988 gab die südkoreanische Regierung bekannt, sie werde an alle ausländischen Teilnehmer kostenlose Kondome verteilen. »Dies ist eine rein ausländische Krankheit, und die einzige Möglichkeit, ihre Verbreitung zu stoppen, besteht darin, die sexuellen Kontakte zwischen Indern und Ausländern zu stoppen«, erklärte der Leiter des Beirates für medizinische Forschung der indischen Regierung und gab damit die völlige Schutzlosigkeit der Bevölkerung von fast einer Milliarde Menschen zu, für die es gegenwärtig weder geschultes Krankenhauspersonal noch Behandlungszentren gibt, die auf diese Krankheit spezialisiert wären. Sein Vorschlag eines mit Geld- und Haftstrafen bewehrten sexuellen Bannes ist als Mittel der Eindämmung sexuell übertragener Erkrankungen nicht weniger impraktikabel als der häufiger zu hörende Vorschlag der Quarantäne – d. h. der Internierung. Die während des Ersten Weltkrieges erfolgte Festsetzung von rund 30 000 amerikanischen Frauen, Prostituierten und der Prostitution Verdächtigen, in Internierungslagern hinter Stacheldraht zu dem erklärten Zweck, die Syphilis bei den Armeerekruten unter Kontrolle zu bringen, hat nicht zum Rückgang der Infektionsrate beim Militär geführt – ebensowenig, wie die während des Zweiten Weltkrieges erfolgte Festsetzung von Zehntausenden von Amerikanern japanischer Abstammung als potentiellen Verrätern und Spionen wohl auch nur einen einzigen Akt der Spionage oder Sabotage verhindert hat. Das heißt nicht, daß nicht vergleichbare Vorschläge für Aids gemacht würden oder Unterstützung fänden, und zwar nicht nur aus der zu erwartenden Ecke. Wenn das medizinische Establishment im großen und ganzen bisher ein Bollwerk der Besonnenheit und Rationalität gewesen ist, das sich geweigert hat, Quarantäne- und Internierungsprogramme auch nur zu erwägen, dann vielleicht z. T. deshalb, weil das Ausmaß der Krise noch begrenzt, die weitere Entwicklung der Krankheit unklar zu sein scheint.

Die Ungewißheit darüber, wie schnell die Krankheit sich verbreiten und auf wen sie übergreifen wird, steht weiterhin im Mittelpunkt des öffentlichen Diskurses über Aids. Wird sie bei ihrem Zug um die Welt im großen und ganzen auf marginale Populationen beschränkt bleiben: auf die sogenannten Risikogruppen und auf weite Teile der städtischen Armen? Oder wird sie sich zur klassischen Pandemie auswachsen, die ganze Regionen befällt? Beide Auffassungen werden nebeneinander vertreten. Auf eine Welle von Äußerungen und Artikeln, in denen es heißt, daß Aids jeden einzelnen bedroht, folgt eine andere Welle von Artikeln, in denen betont wird, daß an Aids nur »sie« erkranken, nicht »wir«. Anfang 1987 sagte der US-Gesundheitsminister voraus, die weltweite Aids-Epidemie werde eines Tages den Schwarzen Tod – die größte bisher bekannte Epidemie, die ein Drittel bis die Hälfte der europäischen Bevölkerung ausgelöscht hat – »in den Schatten stellen«. Ende des Jahres sagte er: »Es handelt sich nicht um eine massive, weit um sich greifende Epidemie unter Heterosexuellen, wie so häufig befürchtet wird.« Noch frappierender als der zyklische Charakter des öffentlichen Diskurses über Aids ist der Umstand, daß so viele Menschen bereit sind, sich die schlimmste aller Katastrophen auszumalen.

In den USA und in Westeuropa mehren sich die Beteuerungen, daß die »allgemeine Bevölkerung« nicht gefährdet sei. Aber »allgemeine Bevölkerung« kann genauso ein Codewort für »weiße Bevölkerung« sein, wie es eines für »Heterosexuelle« ist. Jedermann weiß, daß eine unverhältnismäßig hohe Zahl von Schwarzen Aids bekommt, genauso wie es eine unverhältnismäßig hohe Zahl von Schwarzen in den Streitkräften und eine überdurchschnittlich hohe Zahl von Schwarzen in den Strafanstalten gibt. *The Aids virus is an equal-opportunity destroyer* [Das Aids-Virus vernichtet Chancengleichheit] lautete jüngst die Parole einer Spendenaktion zugunsten der American Foundation for Aids Research. Das Wortspiel bezieht sich auf den *equal-opportunity employer* [Unternehmer, der Chancengleichheit bietet], und so bestätigt dieser Slogan unterschwellig, was er zu bestreiten sucht: daß Aids eine Krankheit ist, die in diesem Teil der Welt Minderheiten befällt, rassische wie sexuelle. Und was die jüngste, ungeheuerliche Prognose der Weltgesundheitsbehörde betrifft, daß es, außer in dem unwahrscheinlichsten Fall einer sehr raschen Entwicklung eines Impfstoffes, in den nächsten fünf Jahren zehn- bis zwanzigmal mehr Aids-Fälle geben werde als in den vergangenen fünf Jahren, so geht man davon aus, daß die meisten dieser Millionen Menschen Afrikaner sein werden.

Aids wurde rasch zu einem globalen Ereignis – diskutiert nicht nur in New York und Paris, Rio de Janeiro und Kinshasa, sondern auch in Helsinki und Buenos Aires, Peking und Singapur –, als es noch keineswegs die vorwiegende Todesursache in Afrika war, geschweige denn im Weltmaßstab. Es gibt prominente Krankheiten, so wie es prominente Länder gibt, und nicht immer sind es die mit der größten Bevölkerung. Aids ist nicht – wie manche Afrikaner bitter behaupten – bloß deshalb so prominent geworden, weil es auch Weiße befällt. Aber es ist zweifellos richtig, daß sich nur die wenigsten Menschen außerhalb Afrikas für Aids interessieren würden, wenn es eine rein afrikanische Krankheit wäre – auch wenn noch so viele Millionen an ihr stürben. Sie wäre eines jener »Natur«-Ereignisse, die, wie Hungersnöte, in regelmäßigen Abständen arme, übervölkerte Länder heimsuchen und bei denen sich die Menschen in reichen Ländern recht hilflos fühlen. Weil es aber ein Weltereignis ist – d. h. auch den Westen befällt –, betrachtet man Aids nicht nur als Naturkatastrophe. Man erfüllt es mit historischem Sinn. (Es gehört zur Selbstdefinition Europas und der neu-europäischen Länder, daß hier, in der Ersten Welt, die größten Kalamitäten geschichtsbildend und von verwandelnder Kraft sind, während sie in armen, afrikanischen oder asiatischen Ländern Teil eines Zyklus und damit so etwas wie ein Aspekt der Natur sind.) Aids hat auch nicht deshalb so große öffentliche Beachtung gefunden, weil – wie man unterstellt hat – die Krankheit in reichen Ländern zuerst eine Gruppe von Menschen befiel, die ausschließlich Männer waren, fast nur Weiße und zum guten Teil gebildet und wortgewandt, und die sich darauf verstanden, eine Lobby und Organisation zu bilden, um die Aufmerksamkeit der Öffentlichkeit auf sich zu lenken und Geldquellen für die Krankheit anzuzapfen. Aids beschäftigt einen großen Teil unseres Bewußtseins wegen dem, wofür es steht: Es erscheint als der Inbegriff all jener Katastrophen, die privilegierte Populationen auf sich zukommen fühlen.

Was Biologen und Gesundheitsämter prognostizieren, ist etwas viel Schlimmeres, als unsere Phantasie sich vorstellen und die Gesellschaft (und die Wirtschaft) tolerieren kann. Kein verantwortlicher Politiker hegt auch nur die geringste Hoffnung, daß Volkswirtschaft und Gesundheitswesen der afrikanischen Staaten mit der für die nahe Zukunft prognostizierten Ausbreitung der Krankheit fertig werden können, während man Tag für Tag die düstersten Schätzungen über die Kosten liest, die Aids dem Land mit der größten gemeldeten Zahl an Krankheitsfällen aufbürdet: den USA. Man spricht von erstaunlich hohen Kosten für die minimale Versorgung von Menschen, die in den nächsten paar Jahren erkranken werden. (Dabei wird vorausgesetzt, daß die beruhigenden Versicherungen an die Adresse der »allgemeinen Bevölkerung« begründet sind – eine Voraussetzung, die in medizinischen Fachkreisen sehr umstritten ist.) In den USA, und nicht nur dort, spricht man davon, daß es sich um einen nationalen Notstand handle, »möglicherweise um das Überleben der Nation«. Ein Leitartikler der *New York Times* tönte voriges Jahr: »Wir alle kennen die Wahrheit, jeder einzelne von uns. Wir leben in einer Zeit der Plage, wie sie unser Volk noch niemals heimgesucht hat. Wir können so tun, als ob es sie nicht gäbe, oder nur für andere gäbe, und weitermachen, als wüßten wir von nichts …« Und auf einem französischen Plakat sieht man ein riesiges, Ufo-artiges schwarzes Gebilde, das über dem bekannten sechseckigen Umriß des Landes schwebt und Strahlen wie Spinnenarme nach ihm aussendet. Über dem Bild steht: »Es liegt bei jedem von uns, diesen Schatten zu bannen.« *(Il depend de chacun de nous d'effacer cette ombre.)* Und darunter: »Frankreich will nicht an Aids sterben.« *(La France ne veut pas mourir du sida.)* Solche symbolischen Aufrufe zur Massenmobilmachung gegen eine beispiellose Bedrohung tauchen in nicht allzu langen Abständen in jeder Massengesellschaft auf. Typisch für eine moderne Gesellschaft ist auch, daß die Aufforderung zur Mobilmachung sehr allgemein gehalten ist und der reale Gehalt der Reaktion weit hinter dem zurückbleibt, was als Abwehr der volksgefährdenden Bedrohung erforderlich scheint. Diese Art von Rhetorik hat ein Eigenleben: Sie erfüllt einen gewissen Zweck, wenn sie einfach das Ideal einer einigenden, gemeinschaftlichen Praxis in Umlauf bringt und erhält, das in direktem Widerspruch zu jener Jagd nach Geld und isolierenden Vergnügungen steht, wozu die Bürger einer modernen Massengesellschaft angehalten werden.

Das Überleben der Nation, der zivilisierten Gesellschaft, der Welt selber steht angeblich auf dem Spiel – Behauptungen, die vertrautes Versatzstück eines Plädoyers für Repression sind. (Ein Notstand erfordert »drastische Maßnahmen« usw.) Das Weltuntergangsgeschwätz, das Aids hervorgetrieben hat, gerinnt unweigerlich zu einem solchen Plädoyer. Doch es leistet noch etwas anderes. Es bietet eine stoische, letzten Endes betäubende Betrachtung der Katastrophe. Der hervorragende Wissenschaftshistoriker Stephen Jay Gould von der Harvard University hat erklärt, die Aids-Pandemie stehe »als größte Gefahr unserer Zeit« möglicherweise auf einer Stufe mit den Kernwaffen. Doch selbst wenn sie nicht weniger als ein Viertel aller Menschen töten sollte – eine Aussicht, die Gould für möglich hält –, »werden noch viele von uns übrigbleiben, und wir können noch einmal von vorne anfangen«. Voller Hohn über das Wehegeschrei der Moralisten bietet ein rationaler und humaner Wissenschaftler diesen minimalen Trost: eine Apokalypse, die keinerlei Sinn hat. Aids ist ein »Naturphänomen«, kein Ereignis »mit moralischer Bedeutung«. Gould hebt hervor: »In seiner Verbreitung liegt keine Botschaft.« Natürlich ist es monströs, der Ausbreitung einer Infektionskrankheit Bedeutung im Sinne eines moralischen Urteils zu unterschieben. Aber vielleicht ist es nicht sehr viel weniger monströs, den Tod in so horrendem Maßstab mit Gleichmut hinnehmen zu sollen.

Vieles in dem wohlmeinenden öffentlichen Diskurs unserer Zeit ist von dem Wunsch beseelt, ehrlich gegenüber den verschiedenen Gefahren zu sein, die zu einer endgültigen Katastrophe führen können. Und nun gibt es eine weitere. Zu dem Sterben der Meere und Seen und Wälder, dem ungehinderten Bevölkerungswachstum in den armen Gegenden der Welt, Atomunfällen wie Tschernobyl, der Durchlöcherung und Abtragung der Ozonschicht, der ständigen Gefahr eines atomaren Schlagabtausches zwischen den Supermächten oder eines atomaren Überfalls durch einen der Einzelgängerstaaten, die nicht der Kontrolle einer Supermacht unterstehen – zu all dem kommt nun Aids hinzu. Im Countdown zum Jahrtausendende mag die Zunahme apokalyptischen Denkens unvermeidlich sein. Aber mit dem Kalender oder selbst mit der sehr realen Gefährlichkeit dieser Krankheit allein ist die Schwingungsbreite der an Aids sich entzündenden Untergangsphantasien nicht zu erklären. Es kommt jenes Bedürfnis nach einem apokalyptischen Szenario hinzu, das ein Spezifikum der »westlichen« Gesellschaft, vor allem vielleicht der USA, ist. (Amerika, so hat man gesagt, ist eine Nation mit der Seele einer Kirche – einer evangelikalen Kirche, die dazu neigt, das absolute Ende und den radikalen Neubeginn zu predigen.) Der Geschmack am Szenario des schlimmsten Falles verrät das unbewußte Bedürfnis, die Furcht vor dem als unbeherrschbar Erlebten zu meistern. Zugleich bekundet er einfallsreiche Komplizenschaft mit der Katastrophe. Das Gefühl, daß die Kultur versagt und verspielt habe, läßt den Wunsch entstehen, aufzuräumen, Tabula rasa zu machen. Natürlich wünscht sich niemand eine Pest. Aber, ja doch: es wäre eine Chance, noch einmal von vorn anzufangen. Und von vorne anfangen – das ist sehr modern, und sehr amerikanisch.

Aids mag heute die Neigung erhöhen, sich mit der Vision einer globalen Vernichtung abzufinden, die das Horten und drohende Vorzeigen von Kernwaffen bereits gefördert hat. Mit der Inflation des apokalyptischen Geschwätzes ist die zunehmende Entwirklichung der Apokalypse gekommen. Ein permanentes modernes Szenario: die Apokalypse lauert … aber sie kommt nicht. Und sie lauert weiter: Wir befinden uns anscheinend mitten in einer dieser modernen Apokalypsen. Da gibt es jene, die sich nicht ereignen, deren Ausgang nur zu vermuten bleibt: die Raketen, die über unseren Köpfen um den Globus sausen, mit einer nuklearen Ladung, die alles Leben auf Erden viele Male vernichten könnte, und die (bisher) nicht losgegangen sind. Und da gibt es jene, die sich sehr wohl ereignen und trotzdem (bisher) nicht die am meisten befürchteten Konsequenzen zu haben scheinen: so die astronomische Verschuldung der Dritten Welt, so die Übervölkerung, so die Umweltzerstörung; oder jene, die sich ereignen und sich dann (wie man uns sagt) doch nicht ereignet haben: so der Zusammenbruch des Aktienmarktes im Oktober 1987, der ein echter »Börsenkrach« war, wie der vom Oktober 1929, und doch wieder keiner. Die Apokalypse ist jetzt eine Serie mit zahlreichen Fortsetzungen: keine »Apocalypse Now«, sondern eine »Apocalypse From Now On«. Die Apokalypse ist zu einem Ereignis geworden, das eintritt und nicht eintritt. Es kann gut sein, daß einige der gefürchtetsten Ereignisse, wie die im Zusammenhang mit der irreparablen Schädigung der Umwelt, bereits eingetreten sind. Aber wir wissen es noch nicht, weil die Maßstäbe sich verschoben haben. Oder weil uns die rechten Indizes fehlen, um die Katastrophe zu messen. Oder einfach deshalb, weil es eine Zeitlupenkatastrophe ist. (Oder es uns *vorkommt*, als sei sie in Zeitlupe, weil wir von ihr wissen, sie antizipieren können, und nun warten müssen, daß sie geschieht, um wieder gleichauf zu sein mit dem, was wir zu wissen glauben.)

Das moderne Leben gewöhnt uns daran, mit dem intermittierenden Bewußtsein monströser, undenkbarer – aber, wie man uns sagt, recht wahrscheinlicher – Katastrophen zu leben. Jedes größere Ereignis ist ein Spuk, und nicht nur wegen seiner Darstellung als Bild (mittlerweile eine alte Verdopplung der Realität, die 1839, mit der Erfindung der Kamera, begann). Neben der photographischen oder elektronischen Simulation der Ereignisse gibt es auch die Kalkulation ihrer eventuellen Folgen. Die Realität hat sich gegabelt: in die Sache selbst und deren alternative Version, zweimal hintereinander. Und es gibt das Ereignis und seine Projektion. Doch wirkliche Ereignisse scheinen für die Menschen oft nicht mehr Realität zu haben als Bilder und der Bestätigung durch ihr Bild zu bedürfen, und so bedarf auch unsere Reaktion auf ein gegenwärtiges Ereignis anscheinend der Bestätigung durch einen mit entsprechenden Berechnungen aufgefüllten mentalen Umriß dieses Ereignisses in seiner projizierten, endgültigen Form.

Der Zukunftssinn unseres Denkens ist die typische Geisteshaltung und die geistige Korruption unseres Jahrhunderts, so wie nach Nietzsches Befund der historische Sinn das Denken des 19. Jahrhunderts verwandelt hat. Abschätzen zu können, wie die Dinge sich in Zukunft entwickeln können, ist ein unvermeidliches Nebenprodukt jeder höheren (quantifizierbaren, nachprüfbaren) Einsicht in einen – sozialen, wissenschaftlichen – Prozeß. Die Fähigkeit, Ereignisse einigermaßen genau in die Zukunft projizieren zu können, kam jedem Machtinhaber zugute, weil sie eine enorme neue Informationsquelle für die Bewältigung der Gegenwart bot. In Wirklichkeit aber hat sich der Blick in die Zukunft, einst verbunden mit der Vision eines linearen Fortschritts, mit der Verfügbarkeit ungeahnter Wissensmengen in eine Untergangsvision verkehrt. Jeder Prozeß ist eine Zukunftsaussicht und lädt zu einer statistisch abgesicherten Prognose ein. Also: Anzahl heute … in drei Jahren, in fünf Jahren, in zehn Jahren; und natürlich am Ende des Jahrhunderts. Alles in Geschichte und Natur, was als stetig sich wandelnd beschreibbar ist, kann man als der Katastrophe entgegeneilend ansehen. (Entweder das zu Kleine, das immer weniger wird: Schwinden, Vergehen, Entropie. Oder das zu Große, das immer mehr wird, so daß wir es nicht mehr handhaben oder absorbieren können: unkontrollierbares Wachstum.) Das meiste von dem, was Experten über die Zukunft äußern, trägt zu diesem neuen, doppelten Sinn von Realität bei – jenseits der Doppelheit, an die wir bereits durch die umfassende Duplizierung aller Dinge im Bild gewöhnt sind. Das ist es, was heute geschieht. Und das ist es, was es verheißt: die bevorstehende, aber noch nicht aktuelle und nicht wirklich faßbare Katastrophe.

In Wirklichkeit zwei Arten von Katastrophe. Und zwischen ihnen eine Kluft, an der die Phantasie sich abmüht. Der Unterschied zwischen der Epidemie, die wir haben, und der Pandemie, die uns in Aussicht gestellt wird (auf der Basis statistischer Hochrechnungen), wirkt wie der Unterschied zwischen den Kriegen, die wir haben, den sogenannten begrenzten Kriegen, und den unvorstellbar schlimmeren, die wir haben könnten, wobei diese (mit allen Attributen der Science-fiction ausgestattet) jene Art von Betätigung darstellen, der sich die Menschen leidenschaftlich gern zu ihrem Vergnügen hingeben, z. B. in elektronischen Spielen. Denn jenseits der realen Epidemie mit ihrer unerbittlich steigenden Zahl von Opfern (nationale und internationale Gesundheitsorganisationen geben wöchentlich, monatlich Statistiken heraus) liegt eine qualitativ andere, viel größere Katastrophe, von der wir gleichzeitig glauben, daß sie stattfinden und daß sie nicht stattfinden werde. Nichts ändert sich, wenn die grauenhaftesten Schätzungen zeitweilig nach unten revidiert werden, wie es immer wieder bei spekulativen Statistiken der Fall ist, die von Gesundheitspolitikern und Journalisten verbreitet werden. Wie bei den demographischen Prognosen, die wahrscheinlich ebenso präzise sind, ist die wirklich große Meldung für gewöhnlich schlecht.

Ein Ausufern von Berichten oder Projektionen unrealer (d. h. unfaßbarer) Endzeiteventualitäten tendiert dazu, eine Vielzahl realitätsverleugnender Reaktionen zu erzeugen. In den meisten Diskussionen über den Atomkrieg bedeutet »Rationalität« (die die Fachleute sich selbst bescheinigen) ein Verkennen der menschlichen Realität, während das nicht völlig unemotionale Eingehen auf das, was für die Menschen auf dem Spiel steht (die Provinz jener, die sich selbst als die Bedrohten sehen), gleichbedeutend ist mit der unrealistischen Forderung nach schnellster Abschaffung des Übels. Diese Spaltung der öffentlichen Einstellung in die Unmenschlichen und die nur allzu Menschlichen ist bei Aids viel weniger kraß. Experten verurteilen Stereotype, die man Menschen mit Aids und dem Kontinent seiner vermutlichen Herkunft anheftet, und betonen, daß die Krankheit viel breitere Bevölkerungskreise betrifft als nur die ursprünglich gefährdeten Gruppen und nicht nur Afrika, sondern die ganze Welt.* Denn während Aids sich, nicht überraschend, neben

* »Aids kann in keinem einzelnen Land gestoppt werden, wenn es nicht in allen Ländern gestoppt wird«, erklärte der scheidende Vorsitzende der WHO in Genf, Dr. Halfdan Mahler, auf der 4. Internationalen Aids-Konferenz in Stockholm (Juni 1988), wo der globale Charakter der Aids-Krise ein beherrschendes Thema war. »Diese Epidemie ist weltweit und verschont keinen Kontinent«, sagt der französische Aids-Spezialist Dr. Willy Rozen-

Lepra und Syphilis als eine der bedeutungsbefrachtetsten Krankheiten erwiesen hat, gibt es deutliche Tendenzen gegen den Impuls, Menschen mit dieser Krankheit zu stigmatisieren. Die Art, in der die Krankheit ein so perfektes Reservoir für die allgemeinsten Befürchtungen der Menschen über die Zukunft ist, macht die zu erwartenden Versuche, die Krankheit auf eine deviante Gruppe oder einen schwarzen Kontinent zu reduzieren, bis zu einem gewissen Grade gegenstandslos.

Wie die Auswirkungen der industriellen Umweltverschmutzung und das neue System der globalen Finanzmärkte ist die Aids-Krise Beweis für eine Welt, in der nichts Wichtiges mehr regional, lokal oder begrenzt ist; in der alles, was zirkulieren kann, auch zirkuliert und jedes Problem weltweit ist oder dazu verurteilt ist, weltweit zu werden. Waren zirkulieren (einschließlich Bildern und Klängen und Dokumenten, die am schnellsten zirkulieren: elektronisch). Abfälle zirkulieren: der giftige Industriemüll von St. Etienne, Hannover, Mestre und Bristol landet in den Küstenstädten Westafrikas. Menschen zirkulieren, in größerer Zahl als je zuvor. Und Krankheiten zirkulieren. Vom ungehinderten interkontinentalen Luftverkehr der Privilegierten zu Geschäfts- und Vergnügungszwecken bis zu den beispiellosen Völkerwanderungen der Unterprivilegierten von Dörfern in Städte und, legal oder illegal, von Land zu Land – all diese physische Mobilität und Verflochtenheit (mit der daraus entspringenden Auflösung alter Tabus, sozialer wie sexueller) ist für das maximale Funktionieren der fortgeschrittenen kapitalistischen Wirtschaft – der Weltwirtschaft – ebenso lebensnotwendig wie die bequeme Weitergebbarkeit von Waren und Bildern und finanziellen Instrumentarien. Aber heute birgt diese gesteigerte moderne räum-

baum. »Man kann sie nicht im Westen besiegen, wenn sie nicht überall überwunden wird.« Im Gegensatz zum Gerede von der globalen Verantwortung, einer Spezialität von internationalen Tagungen, steht die zunehmend häufig geäußerte Ansicht, wonach Aids eine Art Darwinscher Test auf die Überlebensfähigkeit einer Gesellschaft ist, was dazu führen kann, daß man diejenigen Länder abschreiben muß, die sich nicht dagegen zu wehren wissen. Die deutsche Aids-Spezialistin Eike Brigitte Helm hat erklärt, es sei »bereits abzusehen, daß Aids in einigen Teilen der Welt die Bevölkerungsstruktur drastisch verändern wird, vor allem in Afrika und Lateinamerika. Eine Gesellschaft, die nicht irgendwie imstande ist, die Ausbreitung von Aids zu verhindern, hat sehr schlechte Zukunftsaussichten.«

liche Verflochtenheit, die nicht nur eine persönliche, sondern auch eine soziale, strukturelle ist, eine Gesundheitsbedrohung in sich, die mitunter als Bedrohung der menschlichen Spezies selbst beschrieben wird; und die Furcht vor Aids entstammt demselben Grund wie die Aufmerksamkeit auf andere sich abzeichnende Katastrophen, die das Nebenprodukt der fortgeschrittenen Gesellschaft sind, namentlich solche, die die Zerrüttung der Umwelt im Weltmaßstab illustrieren. Aids ist einer der dystopischen Boten des globalen Dorfes, der Zukunft, die schon da ist und doch immer vor uns liegt und der niemand zu entrinnen weiß.

Daß selbst eine Apokalypse anscheinend zum Bestandteil unseres normalen Erwartungshorizontes gemacht werden kann, stellt eine beispiellose Vergewaltigung unseres Realitätssinns, unserer Humanität dar. Aber es ist begrüßenswert, daß eine besonders gefürchtete Krankheit als normal erscheint. Selbst die am meisten mit Bedeutung befrachtete Krankheit kann einfach zu einer Erkrankung werden. So ist es mit der Lepra gegangen, auch wenn zehn Millionen Menschen in der Welt – leicht zu ignorieren, weil fast ausschließlich in Afrika und auf dem indischen Subkontinent lebend – das haben, was heute, im Zuge einer gesunden Entdramatisierung, Hansen'sche Krankheit genannt wird (nach dem norwegischen Arzt, der vor über einem Jahrhundert den Bazillus entdeckt hat). So wird es auch mit Aids geschehen, sobald die Krankheit sehr viel besser verstanden sein wird und es vor allem eine Behandlung gegen sie gibt. Vorderhand hängt vieles in bezug auf das individuelle Erleben und die Sozialpolitik von dem Kampf um die sprachliche Besetzung der Krankheit ab: wie sie in Argument und Klischee angeeignet und assimiliert wird. Der uralte, anscheinend unerbittliche Prozeß, durch welchen Krankheiten Bedeutung zuwächst (indem sie für die tiefsten Ängste stehen) und sie zu einem Stigma werden, verdient noch allemal, bekämpft zu werden, und in der Tat scheint es so, als schwinde seine Glaubwürdigkeit in der modernen Welt, bei Menschen mit dem Willen zur Moderne – jener Prozeß steht nun selbst unter Kuratel. Bei dieser Krankheit, die so viele Schuld- und Schamgefühle weckt, wirkt der Versuch, sie von diesen Bedeutungen, diesen Metaphern zu lösen, besonders befreiend, ja tröstlich. Doch man wird die Metaphern nicht schon dadurch los, daß man sich ihrer enthält. Sie müssen aufgedeckt, kritisiert, in Frage gestellt und aufgelöst werden.

Nicht alle Metaphern rund um eine Krankheit und ihre Behandlung sind gleichermaßen degoutant und schief. Diejenige, an deren Verschwinden mir am meisten liegt – erst recht seit dem Auftreten von Aids –, ist die militärische Metapher. Ihr Gegenstück, das medizinische Modell vom Gemeinwohl, ist wahrscheinlich gefährlicher und weitreichender in seinen Konsequenzen, da es nicht nur eine überzeugende Rechtfertigung autoritärer Herrschaft liefert, sondern implizit die Notwendigkeit staatlicher Repression und Gewalt suggeriert (das Äquivalent zur chirurgischen Entfernung oder chemischen Kontrolle der anstößigen oder »kranken« Teile des Gemeinwesens). Aber die Auswirkung der Kriegsmetaphorik auf das Nachdenken über Krankheit und Gesundheit ist keineswegs unerheblich. Sie betreibt Panikmache und Dramatisierung und trägt nachhaltig zur Exkommunikation und Stigmatisierung der Kranken bei.

Nein, es ist kein wünschenswertes Ziel, daß die Medizin »total« sei, ebensowenig wie der Krieg. Auch die durch Aids hervorgerufene Krise ist nichts »Totales«. Unsere Leiber erleben keine Invasion. Der Körper ist kein Schlachtfeld. Die Kranken sind weder unvermeidbare Opfer noch Feind. Wir – die Medizin, die Gesellschaft – sind nicht befugt, mit allen nur möglichen Mitteln zurückzuschlagen … Von *dieser* Metapher, der militärischen, würde ich, Lukrez paraphrasierend, sagen: »Erstattet sie den Kriegstreibern zurück.«

Das Thema von Susan Sontags Essay über den Krebs ist nicht die Erkrankung, sondern die Rolle, die Krankheit in unserer Phantasie spielt. Die Autorin fragt, warum wir in unserer Literatur und in unserem Denken Krankheit auf unrealistische und oft feindselige Weise als eine Metapher verwenden. Solchem metaphorischen Denken zu widerstehen ist aber nach ihrer Überzeugung die ehrlichste Weise, sich mit Krankheit auseinanderzusetzen – und die gesündeste Weise, krank zu sein.
Die Phantasien, die sich mit dem Krebs beschäftigen – in früheren Zeiten galten sie der Tuberkulose –, blühen um so üppiger, da diese Krankheiten nicht nur als möglicherweise tödlich angesehen, sondern mit dem Tod selbst identifiziert werden. Die Beispiele für solche Metaphern und Bilder der Krankheit, die Susan Sontag aufgespürt hat, stammen aus der griechischen, mittelalterlichen und modernen Literatur.
Susan Sontag vergleicht die gängige Theorie, die Krebs auf psychologische Ursachen zurückführt, mit der Theorie des 19. Jahrhunderts, die TB als Folge von Trauer und Verzweiflung sah, und kritisiert die moderne Tendenz einer vorwiegend psychologischen Erklärung von Krankheit.
Schließlich analysiert Susan Sontag die Bilderwelt der militärischen Sprache und der Science-fiction sowie den Gebrauch von Krankheitsmetaphern in der politischen Rhetorik.

»In ihrem berühmt gewordenen Essay über *Aids und seine Metaphern* plädiert Susan Sontag für Entdämonisierung, will die Phantasie beruhigen, den ebenso falschen wie schädlichen Metaphern durch Kritik, Analyse und Anprangerung zu Leibe rücken. Aids soll weder Gottesurteil noch Sünde und schon gar nicht den Untergang des Abendlandes evozieren, sondern schlicht eine meist sexuell übertragene, schleichende, zuletzt schmerzhafte, entstellende und tödlich endende Epidemie sein dürfen – was schlimm genug sei.«

Neue Zürcher Zeitung

Susan Sontag, geboren 1933 in New York, ist Schriftstellerin, Filmemacherin und Theaterregisseurin. Sie erhielt u. a. den Jerusalem Prize, den National Book Award (für *In Amerika*), den Prinz-von-Asturien-Preis und 2003 den Friedenspreis des Deutschen Buchhandels. Auf deutsch erschienen u. a. *Todesstation* (Roman, 1985), *Der Liebhaber des Vulkans* (Roman, 1993), *In Amerika* (Roman, 2002) und *Das Leiden anderer betrachten* (2003).

Susan Sontag
im Carl Hanser Verlag

Im Zeichen des Saturn
Essays
Aus dem Amerikanischen von Werner Fuld,
Karin Kersten, Kurt Neff, Mark W. Rien,
Jörg Trobitius, Angela Wittmann-Hausner
1. Aufl. 1981. 205 Seiten

Die Essays von Susan Sontag können beanspruchen, Beiträge zur Bildung des modernen Bewußtseins zu sein. Sie sind niemals bloße Analysen literarischer, philologischer oder künstlerischer Werke, sie gehen über die Klärung von Begriffen, Tendenzen und Traditionen hinaus. Die Namen der Autoren, die Susan Sontag in diesem Buch behandelt, zeigen die Richtung, in der sie den Begriff der Moderne aus persönlicher Sicht und Erfahrung erweitert oder neu definiert. Susan Sontag hat herrschende Vorstellungen von Ästhetik, Moral und Politik stets skeptisch betrachtet, neu befragt und oft überraschend beantwortet. Das erweist sich an diesen Essays, in denen sie mit auch für den Kenner oft überraschenden Aufschlüssen europäische Themen behandelt.

Kunst und Antikunst
Essays
24 literarische Analysen
Aus dem Amerikanischen von Mark W. Rien
1. Aufl. 1980. 316 Seiten

Susan Sontag nannte ihre Essays einmal »Fallstudien zu einer Ästhetik« – einer Ästhetik der Moderne. Ob diese Essays im einzelnen von Themen der Literatur (Camus, Genet, Ionesco, Beckett, Peter Weiss, Hochhuth u. a.) ausgehen, von Themen des Films (Godard, Bresson, Resnais) oder der Philosophie (Sartre, Simone Weil, Leiris, Norman O' Brown), sie bleiben nie bei Wertungen einzelner Werke oder Autoren stehen. Sie wollen vielmehr die theoretischen Voraussetzungen, die bestimmten Urteilen und Entwicklungen zugrunde liegen, bewußt machen und klären und zugleich die Rolle des Kritikers in diesem Prozeß reflektieren.
Den weltweiten Ruhm und Einfluß von Susan Sontag machen die stimulierenden Ideen aus, die sie in Diskussionen neuer kultureller Phänomene eingebracht hat: ihre intelligenten Analysen von Happening, Science-fiction, Undergroundfilm, Pornographie und Camp. Die Leidenschaftlichkeit und zuweilen die Parteilichkeit ihrer Argumente lassen Susan Sontags Arbeiten schon heute als einen wesentlichen Beitrag in der Entwicklung der Moderne erscheinen.

Der Liebhaber des Vulkans
Roman
Aus dem Amerikanischen von Isabell Lorenz
1. Aufl. 1993. 550 Seiten

Die skandalöse Liebesgeschichte zwischen Lady Hamilton, der Frau des britischen Gesandten in Neapel, und Lord Nelson, dem britischen Seehelden, steht im Mittelpunkt dieses farbenprächtigen Romans vom Ende des 18. Jahrhunderts. Susan Sontag hat am Fuße des feuerspeienden Vesuvs Menschen zusammengeführt, die das Drama des Umbruchs in Europa exemplarisch aufführen.

»Susan Sontag ist das scheinbar Unmögliche gelungen: Einen aufwühlenden und oftmals radikalen Ideenroman zu schreiben, der es sich leisten kann, auch auf die altmodischen Annehmlichkeiten eines traditionellen historischen Romans nicht zu verzichten.«

New York Times

»Das ganze turbulente Revolutionszeitalter, Feste, Hinrichtungen oder eiliges Entkommen im zugigen Segler, all das schildert sie, rund um ein symbolisches Zentrum: die ausbrechende Naturgewalt selbst, den Vulkan.«

Der Spiegel

»Die Geschichte als Bühne: Susan Sontags Protagonisten – Opfer und Täter, Leidende und Idealisten, Gaukler, Schurken und Dilettanten – sind Archetypen, denen man immer und überall begegnen kann. Auch – und das macht Susan Sontags Aufbereitung so attraktiv – in unserer Zeit.«

Kölner Stadt-Anzeiger

In Amerika
Roman
Aus dem Amerikanischen von Eike Schönfeld
1. Aufl. 2002. 464 Seiten

Im Zentrum von Susan Sontags neuem Roman steht die Suche einer Frau nach Selbstverwirklichung. Zugleich ist er eine pikareske Fabel, eine historische Tragikomödie voller Details und unvergeßlicher Figuren.
Im Jahr 1876 emigriert eine Gruppe europamüder Polen ins Gelobte Land Amerika, um in Kalifornien eine Kommune zu gründen. Die Anführerin ist Maryna Zależowska, die berühmteste Schauspielerin ihrer Zeit. Sie opfert ihre Karriere für die gute Sache, reist mit ihrem Mann, einem Aristokraten, der gegen die eigene Familie rebelliert, und ihrem kleinen Sohn. Zu den Idealisten gehört auch Ryszard, ein junger Dichter, der die gefeierte Schauspielerin insgeheim liebt und später zum berühmtesten Schriftsteller Polens werden wird.
In Susan Sontags neuem Roman ist eine Fülle an Handlung vereint mit bemerkenswerten psychologischen Einsichten und farbigem Lokalkolorit. Bewegend und aktuell ist das Thema: die Begegnung zwischen der Alten und der Neuen Welt.

»Der Roman gilt als historische Fiktion und stellt den Stoff zur Schau, aus dem romantische Dramen gemacht sind. Er hat etwas Hybrides, Beunruhigendes und Originelles.«

Los Angeles Book Review

»Ein grandioses Porträt über eine Frau, ein Land und eine Zeit.«

Allgemeine Zeitung Mainz

Das Leiden anderer betrachten
Aus dem Englischen von Reinhard Kaiser
1. Aufl. 2003. 151 Seiten

Susan Sontag beschäftigt sich in ihrem entsetzlich aktuellen Essay mit der Kriegsfotografie, mit dem, was das Abbild eines leidenden Menschen im Betrachter auslöst, mit der Chance, daß das Bild zum Handeln aufrufen kann.

»Ich glaube an Erfahrung in einer landläufigen Art, weniger an Erfahrung als etwas, was einem neue Ideen gibt. Die Hauptsache ist die Wirklichkeit, wie sie sich jeweils zeigt.«

Susan Sontag

»Auch im letzten ihrer vielen auch in Deutschland einflußreichen Bücher, *Das Leiden anderer betrachten*, ist Susan Sontag dem unverrückbaren Ethos treu geblieben, als Zeugin einer immer noch von Kriegen heimgesuchten Epoche mutig und verantwortungsbewußt auf dem Recht der Opfer zu beharren.«

Aus der Begründung für die Verleihung des Friedenspreises des Deutschen Buchhandels